# ベーシックインカムは究極の社会保障か

「競争」と「平等」のセーフティネット

萱野稔人 編

# はじめに

萱野稔人

ベーシックインカムをめぐる議論がふたたび熱くなっている。

ベーシックインカムとは何か。ベーシックインカムとは、生活に必要な額のお金を政府が社会のすべての成員に無条件で給付する、という新しい社会政策のことである。まさに生きていくための「基本所得」をすべての人に給付しようとするから「ベーシックインカム（＝基礎的な所得）」といわれるのである。

その人が失業者だろうが、何千万円も収入がある会社のオーナー社長だろうが関係ない。生まれたばかりの乳児だろうが、働きざかりの三〇代・四〇代だろうが、後期高齢者だろうが関係ない。

すべての人に均しく一律に、仕事をしなくても生きていけるだけの最低限のお金を――現金で――給付すること。ここにベーシックインカムの基本的な特徴がある。

ベーシックインカムがあれば、たとえ仕事がなくなっても――あるいはあえて仕事をしなくても――何とか生きていくことができる。長時間労働や過酷なストレスのもと「うつ」になるまで働いたり、危険と隣り合わせの職場で働いたりする必要もなくなるだろう。ベーシックインカムがあればつらい仕事は誰もやらなくなるだろうから、社会全体の労働条件も向上するにちがいない。さらに、生活保護や年金といった社会保障の各制度をベーシックインカムに一本化して、福祉行政を効率化することだってできるかもしれない。

いいことばかりに見えるベーシックインカムだが、しかし当然ながら疑問もないわけではない。

貧困にあえいでいる人たちだけでなく、なぜ金持ちにまで現金を支給する必要があるのか。無条件に生活費がもらえるなら、誰も仕事なんてしなくなるのではないか。そもそも働くことのできる人に政府が無条件にお金を配る必要があるのだろうか。財源はどうするのか。

ベーシックインカムのアイデアはそのラディカルさゆえにさまざまな議論を引き起こしてきた。もちろん、それが引き起こしたのは疑問や反対論ばかりではない。これまでの社会保障の弊害や限界を打ち破る画期的なアイデアとして、多くの賛成論も生みだしてきた。

賛成派・反対派の顔ぶれもひじょうに多彩だ。

ベーシックインカムはすべての人に最低限の所得を保障しようというアイデアだから、賛成しているのは左派の人間ばかりだと思われるかもしれない。しかしそうではない。左派の人間のなかにもベーシックインカムに反対する人たちはいる。

逆に、新自由主義的な立場にたつ人たちが「小さな政府」をめざすという理由からベーシックインカムに賛成することだってある。

ベーシックインカムの重要性は何よりもその起爆力にある。社会保障のあり方をめぐってゼロから議論を喚起する、という起爆力だ。左右の違いをこえて賛否が交錯するのも、その起爆力ゆえである。

事実、どんな人にも分け隔てなく、最低限の生活費だけは給付しようというアイデアは、これまでの社会保障の常識を完全にひっくり返すものだ。社会保障の常識がひっくり返れば、社会をなりたたせているさまざまなルールだって変更を迫られるだろう。

たとえば、働かなくてもぎりぎり生きていけるだけの所得が保障されるのなら、最低賃金のルールは必要なくなる。働くことで生活を支える必要がなくなるからだ。

もちろん最低賃金制度の撤廃に対しては反対も賛成もありうるだろう。とはいえここで重要なのは、ベーシックインカムは働くということそのものの概念をも変えるような潜在力をもっている、ということだ。なぜならそれによって、生きるために働くということをしなくてもよくなるからである。ベーシックインカムによって労働が生活と切り離される。同じように、一律・無条件給付を求めるベーシックインカムは行政のあり方や政府の役割についても根本的な変更を迫るだろう。

ベーシックインカムは新しい社会への構想力をかきたてる。この点で、ベーシックインカムはすぐれて生産的な概念装置なのである。

＊　＊　＊

ベーシックインカムをめぐって日本で最初に議論が盛り上がったのは二〇〇九年前後のことだ。

多くの書籍が出版されただけでなく、それまで一部の社会運動体や知識人のあいだでのみ議論されていたにすぎなかったベーシックインカムに対して、さまざまな論客が発言するようになり、一般にも広くベーシックインカムが知られるようになった（その詳細については本書の「ベーシックインカムとは何か？」を参照）。

当時はちょうど民主党が政権交代を果たし、新しい社会にむけた人びとの期待が高まっていたときである。おそらく、ベーシックインカムをめぐる議論の盛り上がりと民主党による政権交代はけっして無関係ではないだろう。民主党もまさに、すべての人に月額7万円以上の年金を給付する「最低保障年金」という、ベーシックインカムのアイデアにひじょうに近い構想を、政権交代の際のマニフェストに掲げていた。

民主党による政権交代は、新しい社会のあり方にむけた議論を大いに刺激した。ベーシックインカムもまた、そうした新しい社会をめぐる構想のひとつとして注目され、広く議論されたのである。

しかし、その傾向も二〇一一年になると一気に沈静化してしまう。

やはり三月一一日に起こった東日本大震災の影響が大きかっただろう。もちろん大震災によって吹き飛ばされたのはベーシックインカムをめぐる議論だけではなかった。大震災によって生じた大津波と原発事故は戦後日本社会が経験したことのない未曾有の大惨事だったので、それまでのあらゆる議論が一時停止を余儀なくされた。

たしかに大震災後、震災復興のあり方をめぐってベーシックインカムが何度か提唱されたことはあった。

たとえば同年六月二日には、元総務大臣の原口一博衆議院議員が自由報道協会主催の記者会見で「復興ベーシックインカム」の必要性に言及している。行政が被災者に義援金や生活再建支援資金を給付しようと思っても、被災者認定にひじょうに時間がかかり、被災者になかなかお金が届かない、というのがその理由だ。一律現金給付のベーシックインカムならこうした弊害を解消できるかもしれない。

しかし原口衆議院議員のこの言及はほとんど議論を呼ぶことはなかった。

被災者といっても被災の程度はそれぞれ異なる。被災の程度に応じて必要なお金の額も違ってくるのに、被災者かどうかの認定もなく誰にでも定額の現金を給付することは果たして復興の方法として効率的なのか。

さらに被災地では、医療やメンタルケアなど、お金では解決できない福祉的ニーズが大量にある。一律現金給付によって行政スタッフの人員不足を追認してしまうことになるベーシックインカムの提言は、こうした現場のニーズに逆行するのではないか。

被災地の現状がつきつけるこうした疑問をまえに、ベーシックインカムのアイデアは大きな力をもちえなかったのである。

また、この時期に深刻化した欧州債務危機も、ベーシックインカムをめぐる議論の沈静化に拍車をかけただろう。

すべての人に無条件に現金を給付するベーシックインカムは財源の問題にどうしてもぶち当たらざるをえない。税収が拡大していくことをどこかで想定しなければ、ベーシックインカムはそもそもなりたちえないだろう。政府の累積債務問題はいまや先進国共通の問題である。どうやって歳出をカットし歳入を増やすかに各国が腐心しているときに、ベーシックインカムはそれだけで説得力を失ってしまうリスクをもっている。

ところが二〇一二年になると、ベーシックインカムが再び注目されるようになってきた。

その一番の要因は、橋下徹大阪市長が代表をつとめる政党「大阪維新の会」が次の衆院選向けの公約集「船中八策」で「ベーシックインカム制度の設計」を掲げたことにある。

たしかにこれまでにも政党が国政レベルでベーシックインカムを提唱したことがなかったわけではない。たとえば田中康夫衆議院議員が代表をつとめる新党日本はすでに二〇〇九年にはベーシックインカムを提唱し、現行のマニフェストにも記載している。

しかし、「大阪維新の会」がベーシックインカムを掲げたことのインパクトはこれとは比べものにならないほど大きなものだ。「大阪維新の会」の橋下代表はベーシックインカムによって福祉行政のスリム化と福祉の自己責任化をめざすと明言している。破竹の勢いで支持を拡大する政党の代表によるこうした方針は、ベーシックインカムをめぐる今後の議論のあり方に影響をあたえずにはおかないだろう。

なお、ベーシックインカムに似た、新たな社会保障制度のしくみとして「給付付き税額控除」というものがある。

これは経済学者のミルトン・フリードマンがかつて提唱した「負の所得税」にルーツをもつ

ものて、二〇一一年末には民主党が消費税増税のさいの低所得者対策としてこのしくみを採用する方針を固めている。

給付付き税額控除の要旨とは次のようなものだ。まず、税と公的扶助を組み合わせる。そして、低所得層では所得が増加するほど給付金が増えるが、所得が一定水準を超えると徐々に給付金が減少するように制度設計をする。

こうした給付付き税額控除のアイデアもすべての成員に一定以上の所得を保障しようとする点で、ベーシックインカムのアイデアとひじょうに近い。

とはいえ注意したいのは、むしろ両者の近さよりも違いのほうだ。

というのも、ベーシックインカムは働かなくても最低限生きていけることを制度の主眼においているのに対して、給付付き税額控除は働くことを受給の前提としているからである。

両者の違いは、給付付き税額控除では、低所得層は所得が増えるほど多くの給付金を受け取ることができる、という点にあらわれている。がんばって働くほど低所得者は多くの給付金を手にすることができるのだ。これに対してベーシックインカムでは、働いても働かなくても給付される金額は変わらない。

要するに、働くことを制度の根幹に据えるかどうかで、ベーシックインカムと給付付き税額控除はまったく異なっているのだ。両者では制度設計の「理念」が大きく異なる、といってもいい。働くことを社会の基盤として重視するのかしないのか、という違いである。

＊　＊　＊

今後、社会保障のあり方をどのようにしていくべきなのか。現行の生活保護などの制度を手直ししながら存続させるのか、給付付き税額控除を導入して税と公的扶助を一体化していくのか、あるいはベーシックインカムを導入して抜本的に制度を変えてしまうのか。

これからの社会を構想するうえで、この問いは決して避けることのできないものだ。事実、少子高齢化の深刻化や、もはや常態化してしまったのかと思われるほど定着した低成長経済によって、これまでの社会保障制度をなりたたせてきた基盤そのものが崩壊しつつある。給付付き税額控除からベーシックインカムまで、各政党が社会保障の新しいアイデアを提唱するようになっているのも、こうした状況と無関係ではない。

ベーシックインカムは新しい社会保障をめぐる問いの中心に位置している。ゼロから社会保障のあり方を問い直すには、ベーシックインカムの起爆力が不可欠だ。賛成するにせよ反対するにせよ、ベーシックインカムの議論を避けて新しい社会を構想することはできない。

本書のもとになったのは、NPO法人POSSEが二〇一〇年秋に発行した雑誌『POSSE』のベーシックインカム特集である。この特集では多くの論客がベーシックインカムをめぐって持論を展開した。賛成派もいれば反対派もいる。大震災を経た今も、その議論は決して色あせていない。それどころか震災復興の現実をまえに、その議論はますますアクチュアリティを帯びている。ベーシックインカムの議論が再燃しつつある現在、ふたたび読まれるべきものばかりである。

目次

本書は二〇一〇年九月に出版された
『POSSE vol・8』(NPO法人POSSE)の特集
「マジでベーシックインカム!?」に掲載された論文を中心に、
再構成したものである。
論文によっては、修正や大幅な加筆をしている。
坂倉昇平、佐々木隆治、斉藤幸平の各論文は、書き下ろしである。
なお、インタビュー論文の取材は坂倉昇平が担当した。

# ベーシックインカムとは何か？

坂倉昇平

**坂倉昇平**

さかくら・しょうへい
雑誌『POSSE』編集長。
1983年生まれ。

## ベーシックインカムの定義

「ベーシックインカム」（以下、ＢＩ）とは、所得や就労状況にかかわりなく、すべての人（国民）を対象に一定水準の現金を給付する政策であり、それにより最低限度の生活（所得）を保障するという構想です。「基本（基礎）所得」などといわれることもあります。

ＢＩを提唱する人たちの議論を整理すると、ＢＩは主に次のような定義にまとめられます。①すべての人（国民）に給付される、②個人単位で給付される、③無条件で給付される、④現金で給付される、⑤生涯にわたり、定期的に給付される、などです。

完全なＢＩは①～⑤のすべての条件を満たすものを指しますが、そのような所得保障はこれまでいずれの国においても実現されたことはありません。現実的には、財源や政策的な合意形成の問題から、このＢＩを実現することは困難であり、そのため、様々な論者がこれまで多様なバリエーションの「ＢＩ」を構想してきました。

## 生活保護との違いとは？

貧困層に現金を給付し、最低限の生活を保障する現行の制度としては、公的扶助制度があり、日本では生活保護があります。しかし、その受給には審査を受けなくてはなりません。特に日本の生活保護の審査基準は厳しく、受給可能な世帯でも、受給しているのは二割程度といわれています。まず、貯金や資産などを調べる資力調査を受け、一定の基準以下の資力であることが条件となります。また、稼働能力調査を受け、就労不能であることが認められなければなりません。

一方、働けるかどうかを問わず、誰にでも支給されるBIは、普遍主義的な無条件給付であるため、福祉に依存しているという受給者の恥辱感（スティグマ）もなくせるといわれています。また、「世帯単位」である生活保護と異なり、BIは「個人単位」のため、家族への依存をなくしたり、個人の自立を促せるという期待もされています。

## 労働環境も改善される

BIは雇用と社会保障を切り離し、所得保障を独立におこなっていく制度とされており、完全に実現できれば、就労していなくても最低限の生活は保障されることになります。

そのため、賃労働以外の文化的な活動に集中するなど、「自由」な生活が可能になり、多様な社会参加が実現できるという期待ももたれています。

なお、こうした考えの理論的な支えとして、生きていること自体が一種の労働であり、労働をしているのだから、賃金が支払われるのは当然だという考えも支持を集めています。

## 労働にしばられない「自由」な生き方が可能に

また、BIによって最低限の所得を保障することで、すべての人に平等な機会が与えられ、そのことで人間は本当に「自由」になるのだという考え方もあります。

さらに、BIによって働かなくても生きていけるようになれば、人々が貧困や失業への恐怖から労働に駆り立てられることもなくなり、労働者は劣悪な労働を拒否できるため、劣悪な労働条件の雇用は人気がなくなり、経営者は労働者の雇用を確保するために労働条件を改善していくのではないかという期待もされています。

## BIに似ている制度

BIと類似した所得保障として、これまでに、「負の所得税」という考え方が提案されてきました。個人や世帯の所得税額から最低生活費に相当する部分を控除し、所得が最低生活費に満たない場合には政府が差額に相当する部分を給付金として支給するという構想です。この制度によって、結果的にすべての人に最低限の所得を保障することができ、また就労により給付がなくなる公的扶助と異なり、就労意欲をそがないとされます。

対象を限定した負の所得税は、給付付き税額控除とよばれ、アメリカやイギリスで導入されており、日本の民主党政権でも導入が検討されています。

民主党政権で二〇一〇年から二〇一二年春まで導入されていた「子ども手当」のような所得保障制度もまた、普遍的に現金を給付するという点ではBIと類似しています。子ども手当は年齢の要件がありますが、個々の所得金額の制限はありませんでした。こうした手当が部分的なBIと考えられることもあります。

## どうして世界的にも話題になっているのか

BIの思想が世界的に広まるようになってきた理由としては、従来の福祉国家がもつ限界と、それを乗り越えようとした社会運動があげられます。

旧来型の福祉国家の仕組みは、少なからず、男性稼ぎ主を中心とした世帯をモデルとしていました。その男性稼ぎ主が病気になったり、失業したりというリスクに対応するかたちで社会保障制度は形成されてきたのです。そのため、女性は無償の家事労働をすることが前提とされ、労働市場から排除されてきましたし、男性と結婚していないと公的扶助を受けざるをえず、その受給の際に、役人から私生活への過度な調査を受けるという、尊厳を剥奪するような国家の介入が頻繁におこなわれていました。さらには、就労が困難な障害者についても、従来の福祉国家の保障からは排除される傾向がありました。これらの人々が立ち上がり、すべての人の生存が無条件に、普遍的に保障されるというＢＩの理念が、社会運動のなかで要求されるようになっていったという歴史があり、ＢＩの重要な一面となっています。

また、福祉国家を成立させていた基盤が揺らいだことも、ＢＩが要求される背景にあります。一九七〇年代以降、ヨーロッパを中心に成立していた戦後の福祉国家体制は大きな危機に直面しました。この時期、国内の先進国では高度経済成長がストップします。さらに、経済のグローバル化により、かつて経済成長を牽引した製造業は海外へ移転、国内産業は空洞化します。これらを原因として、安定した雇用が減少していきました。

その結果、完全雇用を前提に、そこから漏れた人を対象とした国家の社会保障制度が機能しなくなります。失業者が増加し、彼らへの失業保障に対して、財政的な負担から批判が強まっていきます。

八〇年代には、こうした福祉を削減する新自由主義的な政府がイギリスやアメリカで誕生し、社会保障が削減されていきます。続く九〇年代には、新自由主義への対抗策として、イギリスの「第三の道」に代表される「ワークフェア」という政策が登場し、福祉給付において就労支援が重視されるようになります。実際に職業訓練などが充実する場合もありますが、公的扶助の受給条件として劣悪な労働を義務づけるような、福祉攻撃を目的とした政策も導入され、そうした厳格な「ワークフェア」については、新自由主義の一種という批判もあります。

こうした政策に対して、安定した雇用が十分にないのに、国家から労働が強制されるようになったとして、就労が条件とされないBIへの支持が広がったといえます。

また、日本では独自の文脈があります。そもそも日本は、社会保障によって国家が生活を保障するヨーロッパ型の福祉国家と異なる、「開発主義」国家といわれます。国家による現役世代に対する福祉は希薄で、企業の成長促進による日本型雇用の維持や、地方への公共事業・補助金によって生活が保障される社会です。そのため国家の失業保障は抑制され、先進国中でも生活保護受給がより困難なのです。

さらに、日本でも九〇年代以降にグローバリゼーションと新自由主義改革が大きく進行したことによって、こうした仕組みすら急速に解体され、貧困が増大し、BIが支持される背景がされていきます。

## 日本で人気が出てきた理由

ここからは、日本でＢＩが話題になってきた経緯を、詳しく紹介していきたいと思います。日本でＢＩを本格的に提唱し始めたのは、社会政策や経済の研究者でした。二〇〇二年に小沢修司が執筆した『福祉社会と社会保障改革』（高菅出版）が、その嚆矢となります。ここで小沢は、第二次大戦後、福祉国家が世界的に動揺を見せているなかで、日本における「企業中心社会」からの脱却を目指すための新しい社会保障改革案として「ベーシック・インカム構想」を提言し、ＢＩの額を一人あたり月八万円（年間九六万円）と試算します。また、山森亮も雑誌『現代思想』などを中心に、ＢＩの論考を積極的に発表していきます。

こうした地道な取り組みを基盤に、日本で専門家や研究者以外にＢＩが知られるようになったのは、ＢＩを社会運動の立場から思想的に理論づけた、哲学者のアントニオ・ネグリとマイケル・ハートの『〈帝国〉』（二〇〇三年、以文社）などの出版、そして国内での反貧困運動の活発化を経たことが大きいと思われます。

ネグリ＝ハートは、生きていることじたいが労働だと述べ、それを根拠にＢＩの要求を正当化します。こうした現代思想の流れをくみつつ、非正規雇用労働者の増加などを受け、日本でも既存の労働運動にとらわれない新しい「社会運動」が登場していきます。こうした「運動」のデモでは、「ベーシックインカムをよこせ！」が定番のスローガンとなっていました。具体的な雇用・社会保障政策の要求のビジョンが描けないなかで、働かないでも賃金が支払われるというアイディアは、新鮮に受容されていきました。

このような日本の「運動」のBI論が展開され、また当時の雰囲気を伝える本として、二〇〇七年に刊行された思想誌『VOL2』（以文社）のBI特集、そして同年に出版された雨宮処凛の『生きさせろ！』（太田出版）があります。『VOL2』では、現代思想の研究者たちが編集委員となり、政策というより、抽象的な展望の思考実験のようなかたちで議論が展開されています。なかでも、萱野稔人、渋谷望、酒井隆史など、気鋭の思想研究者が集い、山森亮も参加した座談会「ベーシック・インカムとはなにか」が象徴的です。渋谷による「敵の言葉をうまく使いながら真面目とパロディの微妙なところを突く」というBIの表現は、本特集のスタンスを特徴づけています。

反貧困運動の存在を一躍世に広めた『生きさせろ！』でもまた、哲学研究者の入江公康と、批評家の杉田俊介がBIについて肯定的に語っています。雨宮は入江へのインタビューで、BIを実現することで社会運動から「抵抗する気持ち」が失われてしまうのではないかと質問をしますが、入江の答えは印象的です。「そもそももらっていない現在だって、じゃあ抵抗がそれほどあるかというとそれも疑問です。可能性を模索するものとして考えてみたほうが、気分としては楽しくなるのではないでしょうか」。このように、具体的な政策要求ではなく、ある種の現実離れした、しかしそれゆえに夢のある希望として、ＢＩが「社会運動」において受容されていきます。

## 「運動」からホリエモンへ

ゼロ年代後半に、若者の不安定な雇用や貧困が注目され、マスメディアで若者の新しい「運動」がもてはやされますが、そこでＢＩが紹介されることはなかなかありませんでした。本格的にＢＩ論が加熱するには、もっと新たな切り口の議論を待つことになります。その端緒となったのが、二〇〇七年八月にエントリされた「「ベーシック・インカム」を支持します」と題された経済評論家・山崎元のブログです。

山崎は「雨宮処凜女史の本」（おそらく『生きさせろ！』）に触発されていたところ、書店で『ＶＯＬ２』のＢＩ特集が目に止まり、購入したとのことです。特に、山森亮らの参加した前述の座談会に興味を持ったと記されていました。山崎はそこで紹介されていたＢＩ論者である、リバタリアンのP・V・パレースの論文を入手したそうです。そしてこのブログ記事では、「使途の自由なベーシック・インカムを配ることで、社会保障的なものを中心に、公的制度はできるだけ削って、政府を極小化」といった新自由主義に親和的な議論を展開します。さらに、BIの導入で、「組合の必要性は、ますます薄くな」り、「経営者は、自分が人殺しになる心配をせずに、稼ぎに専念できる」と述べます。

そして一年後、山崎のブログに触発されて自らのブログでBI支持を表明、BIを一躍ネット界に広めた有名ブロガーがいました。株式会社ライブドア元代表取締役社長CEOの、「ホリエモン」こと堀江貴文です。

彼は、二〇〇八年一二月に「ベーシックインカムの話」という題のブログ記事で、現代における労働の意義が低下していると、雇用政策の批判ともとれる持論を展開します（なお、山崎、堀江の議論の詳しい内容は、本書の竹信論文参照）。

二〇〇九年以降も堀江は「働かなくてもいいんじゃないか？」「続・働かなくてもいいんじゃないか。」などのタイトルで続々とBIに賛同する記事を更新し、その抜群の知名度でもって、BIの普及に大きな役割を果たし、ブログなどのネット界で反響を広げていきました。さらに一例をあげると、「官業で民営化できるものは全部、やるべきだ。…（略）…社会保障系の役所は、ベーシックインカムが実現されればかなりスリム化されるだろう」など、公務員批判と民営化の文脈で、BIを説明しています。

## BI論の転換点

堀江がBI論を次々に披露した二〇〇九年は、BI飛躍の年といえるでしょう。二月にBI入門書の決定版といえる山森亮の『ベーシック・インカム入門』(光文社新書)が、続いて多くの書籍が出版され、『SPA!』や『週刊ダイヤモンド』などの一般週刊誌にBIが紹介されるほど、BI熱は高まってきました。その社会的な背景と、議論の経緯を眺めてみたいと思います。

政権交代へと向かうこの年、自民党政権への批判の声が高まり、小泉政権の「構造改革」への風当たりや、格差や貧困への疑問は強まっていきます。一方で、「脱官僚」「脱ムダ」のスローガンも人気は高く、公務員や公共事業の削減も支持されていました。もちろん、公務員の削減によって、必要な福祉が削られたり、市場原理的な民営化も進みかねませんし、公共事業を見境なく削減すれば、地方の雇用が失われることも予想されます。

しかし、行政への不満のオルタナティブとして、BI論はこのねじれた世論の要求に応えやすかったといえます。社会サービスの民営化や市場への規制緩和を進めながら、最低限の「セーフティネット」も担保して、格差批判の声にも応えられる、ある意味でバージョンアップした「構造改革」論としてのBI論です。

とくに、BIの一種として負の所得税があげられますが、BIそのものには懐疑的でも、負の所得税への賛成を表明する経済学者や評論家が続々と現れます。この政策は、もともと新自由主義の始祖といわれるM・フリードマンの主張であることもあり、「構造改革」に共感するエコノミストからも支持を得やすかったといえるでしょう。エコノミストであり、著名ブロガーでもある池田信夫は二〇〇七年のブログにて、「厚生労働省を廃止」し、「官僚の賃金」を「一掃して負の所得税に一本化」すると提案しています。二〇〇九年にも活発に負の所得税の提案を続け、「経済の効率を高める抜本的な政策」のひとつとして、フリードマンに依拠しつつ、法人税の廃止・引き下げ、医師や弁護士、教師などの職業免許の廃止・緩和などとともに負の所得税を支持します。同年、人材コンサルタントの城繁幸もブログで、「一度やってみる価値はある」と述べています。

経済学者の飯田泰之もこの年、湯浅誠、赤木智弘らとの対談本『経済成長って何で必要なんだろう?』（光文社）、雨宮処凛との対談本『脱貧困の経済学』（自由国民社）などを出版、貧困問題の若手論者の主張に対し、負の所得税を処方箋として解説しています。

## インターネットで拡散されたBI論

ツイッターの利用が本格化し、より気軽に知識人の発言に触れられる機会が増えた二〇〇九年は、さらに意外な方面からBI論が勢いづいていきました。そのきっかけの一つとして、一〇月に放映された「朝まで生テレビ」で批評家・作家の東浩紀がBIに言及したことがあげられます。アニメやウェブ社会の分析や批評などで知られ、政治的な発言からは遠く思われがちな東がBIを提起したことで、インターネット上におけるBIへの注目は俄然高まっていきました。

その内容も「オープンガバメントとベーシックインカムの組み合わせ」という斬新なものでした。彼のアイディアは翌日の彼のツイッターでも解説されます。その後のツイートで彼は、「政治思想的には、ぼくの発想は熟慮民主主義の対極なのですが、しかしムフ的な闘技民主主義では決してなく、なぜならばぼくの一般意志2・0の構想ではシュミット的な友敵の境界が融解・複数化せざるをえないからです。」と発言します。

実は、東はすでにこの年の五月に放送されたラジオ番組「文化系トークラジオLife」の特集「現代の現代思想」の回で、こうした構想を発言しています。BIなどをつうじて、冷戦後のイデオロギー対立がないとされる時代の新たな「政治」のシステムを構想しようというアイディアです。逆に、現代思想系のBI論の「左翼的」な文脈を批判、「左翼的」なラベリングがBIの広がりを阻んでいると指摘していました。

こうして、「左翼」や「運動」と距離をおき、ネットをつうじて思想や批評に親しむ人々にも、BI支持が広がっていったといえるでしょう。

この年、ネット界で影響ある発言者としては、ライブドアの前身である株式会社オン・ザ・エッヂの元取締役であり、著名ブロガーとなっている小飼弾も相続税一〇〇%にもとづくBIを提言しており、著書も出版されています。さらにブログ上では、評論家として有名な茂木健一郎、和田秀樹らも賛成の意見を述べています。

## ネット論壇におけるピーク

ネット上でのBI論の盛り上がりが一本に集約されたともいえそうなのが、二〇一〇年二月二〇日に「ニコニコ動画」で放送された「朝までニコニコ生激論」の「ベーシック・インカム（キリッ」です。出演者は、司会進行役として東浩紀。パネラーは、堀江貴文、雨宮処凛、白田秀彰（法学者、知的財産法、情報法）、城繁幸、鈴木健（東京大学特任研究員、ウェブ学会準備委員会委員）、濱野智史（ネット研究者、日本技芸リサーチャー、『アーキテクチャの生態系』著者）、小飼弾という面々で行われました。なお、討論には参加していませんが、講師として山森亮が映像で出演しています。

城繁幸が留保つき賛成である以外は、全員BI賛成派であり、議論というよりは、ビールを飲みながらのアイデア出しといった様子でした。

現在の生産力のもとでは、社会的に必要な労働というものは、実はもうほとんど存在しないにもかかわらず、「給料を払うために社会全体で無駄な仕事をつくっている」状態になっている――こうした堀江の主張を軸に議論は展開されていきます。

そして、議論の中心はどうやってBIを実現していくのかという話題へと移っていきます。BI実現の際に障害となるのは、官僚制と国民世論であり、いかにして公務員を削減するのか、どのようにして国民に「想像力を持たせ、考え方を変えさせるのか」（鈴木）が議論されていきます。官僚に「ゴールデンパラシュート」（鈴木）として高額の退職金を支払うなど、斬新なアイディアも提案されていました。ちなみに財源は、消費税増税・社会保障をBIに一本化・公共事業の削減・公務員の削減などの方法でほとんど解決できるとされました。また、BIで給付される額は月七万円前後になるのが適当という流れでした。

生放送で三時間半に渡りＢＩについて話し合われたこのユニークな座談会の反響はリアルタイムはもとより、終わった後も大きかったようです。なお、堀江はこの座談会後のブログで「結局社会福祉を一本化するところで色々抵抗が出てきそうだと思った。実質給付額ダウンになるような人たち。でもそれも数年のスパンで給付を減らしていく方向付けをできればいいのかな」と導入の難しさについて振り返っています。

ただ、ニコニコ動画を配信する株式会社ニワンゴの取締役でもある西村博之は、この放送を受けて、「空虚なベーシックインカム議論」と題した自身のブログ記事で「現実に即してない話をしていて、そりゃ広まらないよなぁ」と、批判的な意見を述べます。「嫌な仕事は給与があがる…（略）…月給五〇万とかだったら、毎月七万で暮らしている老人は介護者を雇えないですよね？」という指摘もされていました。

## 新自由主義に対する警戒

さらに、二〇一〇年三月にベーシックインカム日本ネットワーク（ＢＩＪＮ）が京都で設立集会を開いたことが広くニュースになり、そこでＢＩが思想や批評にも興味のない多くの人たちに知られ、インターネット上でもさらなる話題を呼びました。

しかし、この集会では、本書で小沢修司も指摘していますが、新自由主義的なＢＩ論に対する懸念が表明されていたそうです。長野県中川村の村長でＢＩ支持者として知られる曽我逸郎も、「この日の議論は、単にＢＩ実現を目指すというより、…（略）…ネオリベ的ＢＩを警戒する発言が目立った」と村のホームページで報告しています。

こうしたなかで、六月には満を持して『現代思想』が、九月には本書のもとになった『ＰＯＳＳＥ ｖｏｌ・８』がＢＩを特集します。ただ前者では、『ＶＯＬ２』などで展開された楽観的なＢＩ論ばかりではなく、特集冒頭で小沢が、新自由主義ＢＩの社会サービス解体論の台頭に対して「怠慢」を「詫びなくてはならない」と述べるなど、ＢＩ論の現状への危機感が通底しています。立岩真也・山森亮の対談でも、山森は、「中立的にＢＩの最大公約数的な議論を紹介する」という自分の立場を確認しながらも、流行する新自由主義ＢＩ論に対して「誤解を解いていくべき」と複雑な発言をします。

その後もＢＩ論についての出版物の刊行は続きます。しかし、東日本大震災を経た二〇一一年以降、かつてメディアを賑わせたような労働・貧困問題の「運動」は、すっかり報道されなくなります。新自由主義的なＢＩ論も、収束したかのように見えました。

ＢＩ論そのものが廃れてしまったかに思われた二〇一二年二月、大阪の橋下徹市長と彼の率いる大阪維新の会が、その公約集「船中八策」（「維新八策」）でＢＩに言及したことで、ふたたび話題が再燃します。橋下は「船中八策」公表の翌日、ツイッターで「ベーシックインカムは、究極のバウチャー制度。供給者側の論理で役所の仕事を増やすのではなく、バウチャー制度によって役所の仕事を絞り込み、補助金を受ける団体をとことん失くしていくことにあります。間接経費の削除が目的です。」と発信しています。

二〇一二年の半ばからは、生活保護受給者への「不正受給」バッシングも強まっており、具体的な改革案も含め、生活保護のあり方がこれまで以上に議論されるようになっています。大阪維新の会のさらなる躍進も予想される中、これからのＢＩの議論はどのような方向へ向かうのでしょうか。

# ベーシックインカムと社会サービス充実の戦略を

小沢修司

## 小沢修司

おざわ・しゅうじ
京都府立大学教授。
1952年大阪府生まれ。専門は
福祉財政論、生活経済学、社会政策。
著書に『福祉社会と社会保障改革
—— ベーシック・インカム構想の
新地平』(高菅出版、2002年)、
『生活経済学
—— 経済学の人間的再生へ向けて』
(文理閣、2000年)など。

## 労働と所得を切り離すためのＢＩ

ベーシックインカム（以下、ＢＩ）の本質的特徴は、「労働と所得の切り離し」です。この二つをなぜ切り離す必要があるのかという疑問を持たれる方もいらっしゃるかと思いますが、それは次のような理由からです。今日の資本主義社会における生活原理は、生活するのに必要な所得を労働することによって、つまり稼ぐことによって得ることで生活していくというものです。だから、社会保障制度も、生活に必要な所得を働くことによって得て、その所得をもって生活するという生活原理をベースにして設計されています。ところが、そうした生活原理がいま、いたるところで機能しなくなり、社会保障制度の機能不全がいたるところで生じているわけです。となると、そもそも資本主義社会における生活原理そのものを根本から問い直す必要性が高まってくる。これが労働と所得を切り離すという本質的特徴をもつＢＩが登場した一番の背景です。

ＢＩは働いて得る賃金所得でもって生活を維持しなければならないという状況に対して、くさびを打ち込みます。労働は労働、所得は所得というような切り離しを行うことで、働こうが働くまいが、すべての人に生活のために必要な所得をまず保障しようとするわけです。これが

BIの特徴であり、すごく大きな意義を持っていると私は理解しています。

## 社会サービスは別途構想

■小沢さんはBIの額として八万円という金額を出されていますが、この金額が独り歩きし、八万円分あれば生活できるから現物給付は切ってもいいんだという議論も見受けられます。

BIというものは現行の社会保障制度のうちの、あくまで現金給付部分——具体的にいえば現行の年金・失業給付・子ども手当・生活保護といった制度ですが——をBIに切り替えようという構想です。具体的な数字を出したのは、そうしないと、この手の話は受け入れられないだろうと考えたからです。もちろん、数字を出してしまうとそれだけが独り歩きしてしまって、いろいろ取り沙汰されることになるので、非常に慎重でなければならないということも当初から認識していました。しかし日本でBIの議論にまず関心を持ってもらうには、どれだけの財源が必要になり、どれだけの税金を徴収しなければならないのか、その上で実現可能性があるのかどうかを示さなければならないと考えたんです。当時の数字の出し方の根拠としては、生活保護の生活扶助部分、それは都会の二〇~三〇代の一人暮らしで八万五〇〇〇円ぐらいなのですが、これを参考に八万円でおいてみたというものです。

一方、現物給付部分については、すべて解体してしまって、社会サービス部分は市場において提供されるさまざまな財・サービスを、給付された現金を使って各人が自由に購入していけばよい、といった新自由主義的なBI論もなされています。しかし、私のBIの理解は、社会保障制度のうち現金給付部分をBIに置き換えるというものにすぎないので、現物給付・社会サービス部分をどうするのかというのは、別途構想していかなければなりません。これは当初からいっていたつもりなんですが……。

私はそうした前提の上に立って、現金給付部分のBIをいくらに設定するのかということで、財源は少なくともこれだけある、と提案したつもりです。このことを明示するために『現代思想』（二〇一〇年六月号）のBI特集では、BIだけではなく社会サービスを充実させるための財源の問題も合わせて確保できるということを示しました。したがって、私が行った試算はBIの要求と社会サービスの充実を両方ともセットで実現していくための基礎になるはずです。

## 「増額」論に乗ってはいけない

二〇〇九年に同志社大学の山森亮さんが『ベーシック・インカム入門』（光文社新書）を出されたこと等も含めて、この間にすごくBIについて関心が高まってきました。その中で、特に新自由主義的なＢＩ論の人たちの言説が多くの関心を集めるようになってきているのは確かです。ＢＩの金額設定の話でいうと、私は現在の生活保護の生活扶助部分を根拠にした八万円という額は、割といい線をいってるんじゃないかなと思っています。しかし、よく八万円では生活できないじゃないかという意見も出されています。例えば、生活保護だったら都会なんかでは家賃が高いから特例的に上乗せされる住宅扶助部分の五万円を加えて一三万円にすべきじゃないかというように。少なくとも一三万円ぐらいなければ都会では一人暮らしの生活ができないというわけです。あるいは障害者の方だったらもっとニーズがあるから、一三万どころか二〇万、三〇万なければ一人ひとりのニーズに見合った生活保障に十分な額にはならないというような議論もあります。

しかし、ＢＩを八万円から一三万円、一三万円から一五万円のようなかたちで次々に増額していくような話になると、それは現物給付・社会サービスをＢＩの中に解消するという新自由主義的なやり方を受け入れた上で給付額の基準を出していくことになると私は思っています。すべて必要なものを市場で現金で買うというわけです。社会サービス解体に乗ったことになりますから、それこそ新自由主義的ＢＩ論に対する屈服です。つまり、現物給付部分を現金給付部分に潜り込ませるということを前提としてしまった途端に、新自由主義的なＢＩ論と同じ土俵に立つことになり、両者の相違点は給付額が多いか少ないかのみになってしまうわけです。肝心なのは、現金給付部分はこれだけ、現物給付つまり社会サービスで対応しなければならない部分はこれだけ、というふうに現金給付と現物給付のバランスを見据えた政策をあくまでも取っていくことです。ＢＩの金額水準の設定もそういう両方の区別をした上で議論がなされるべきでしょう。

## 年金改革や子ども手当がＢＩへとつながっていく

■最近、負の所得税や給付つき税額控除に関する政策論も盛んになっています。

そうした議論はすごく歓迎すべきことではないでしょうか。負の所得税まではなかなか距離があるのですが、給付つき税額控除というものは自公連立政権のもとでも、例えば税制調査会でいわれていましたし、経済界でもいわれていました。つまりこれは新政権の問題だけではなくてこの間ずっと検討され続けてきた課題であり、いまの税制のあり方を根本的に変えることをしなくても十分実現できるものなのです。実際の導入が容易には進まないとしても、ワーキングプア問題が存在するかぎり実現せざるを得ないと思います。現行の税制度の改良版というかたちで実現されていくことになるでしょう。

給付つき税額控除はＢＩの視点から見ると、ＢＩ実現を阻むものではなくて、実現に向けた歩みを加速することになるというのが私の見方です。なぜなら、働いても生活するための所得に足らないときには税金を取るのではなくて支給（戻し税）しましょうと、こういう発想で給付つき税額控除は行われようとしているためです。まさにそこでは労働と所得を結びつけるのではなく労働によらない所得の支給を認めるわけで、当初は勤労世帯や子育て世帯という特定の世帯に限定して導入されたとしても、限定を解除した負の所得税へと発展すること、それを要求することは必至でして、これは必ずＢＩにつながるというふうに私は理解しています。

さらに年金改革はＢＩの高齢者版につながりますし、子ども手当の支給はＢＩの子ども版そのものです。高齢者に全額税方式の所得制限なしの基礎年金が実現すれば高齢者に限定したとはいえＢＩです。子ども手当の場合、一五歳なのか一八歳なのか、これから大いに議論になっていくのだろうと思いますが、たとえ一五歳以下の子どもに限定されているとはいえ、所得制限なしに普遍的に支給される子ども版のＢＩです。これらは従来の福祉的な政策とは一八〇度全く性格を異にする原則に基づいた新しい制度であって、きっとＢＩにつながっていくものです。

## 新自由主義のリスクといかに立ち向かうか

■その導入の代わりに雇用の規制や最低賃金規制を撤廃したり、解雇も自由化すればいいという主張もあります。ＢＩでは、よりその傾向は強まると思いますが、いかがでしょうか。

そうした主張にはＢＩがどうこうとは関係なしに、当然反対していかなければなりません。給付つき税額控除があるから規制を緩和して労働者の保護を一切なしにするというような議論に対して、それはおかしいじゃないかと声を上げていかなければならない。つまりＢＩとか給付つき税額控除とかいう以前の問題です。住みよい社会、生活できる社会をどうつくり上げていくか、それには所得も社会サービスも両方いる。したがって雇用の規制緩和や社会サービスの削減を求める勢力との対抗関係の中で、私たちがどういうふうにいま述べたような社会を目指して運動を広げ、要求を通していけるのかがポイントです。新自由主義的な勢力に与してしまうリスクがあるから、あるいは運動の力が弱い現状があるからといって給付つき税額控除や子ども手当、そしてＢＩといったもろもろの要求を取り下げてしまうというのでは、敵前逃亡になるのではないでしょうか。

そしてもし仮にＢＩの導入が何らかのかたちで可能になったとすると、「労働力の商品化」

という資本主義の根幹部分はたとえ残るにしても、生活するためにはどんなにひどい労働条件でも絶対働かなければならないという、いまのような状況はかなり改善されることになるでしょう。しかし、もちろんＢＩは労働力の商品化の問題を解消するわけではないので、その点でいうと資本主義の根幹部分にまでは足を踏み入れてはいないわけです。労働力の商品化をいますぐに廃絶しようというような社会主義的な運動や主張を展開するのは、私はまだそうした時期ではないと思っています。市場はこれからも残るし活用しなければならないでしょう。市場を活用しながらも労働者の状況を改善していくためにはひとまずＢＩを導入して、労働と所得を切り離していくことが運動側の要求として是非とも必要です。

## 福祉国家要求とＢＩ要求は両立しうる

■社会主義どころか、日本はまだヨーロッパ諸国に見られるような福祉国家を実現していません。目下のところ福祉国家による生活保障や、市場の不安定性を規制するような労働運動をつくっていくことが重要であり、ＢＩを考えるにしても、先に構想されるものではないでしょうか。

つまりＢＩの導入をいま日本で主張すると新自由主義的なＢＩ論に圧倒されて、福祉国家を実現していくような芽が潰されかねないということですね。しかしＢＩの導入を要求することと福祉国家の実現を目指すことはそんなに相反することでしょうか。なぜそこで腰を引いてしまうんでしょうか。福祉国家で、すべての人が働けて生活できるようになりますか。ＢＩはすべての人を対象にしていますよ。

福祉国家では、年金や失業保険のようにお金をかけていなければ受給資格が得られないという社会保障制度における排除が存在します。それに対してＢＩは現金給付部分のみの切り替えではあるにしても、現在の選別主義的な社会保障制度の欠陥がなくなるという大きな効果が期待できます。

他にも、税金を使った公的扶助は例外的な扱いとされていて、プライバシーが侵害されたりする非人間的な状況でしか支給されないというスティグマが問題です。福祉国家を主張するにしても、現在苦しんでいる人たちに対してどう手を差し伸べるかということを同時に提起しないと、それは逆に無責任な議論だという気がします。そういう人たちは二の次で、見捨てるということになりますよ。福祉国家を充実させる社会的要求を突きつけながら、あわせて福祉国家の機能不全にも目を向けＢＩを要求することが重要です。

■「例外」に対するスティグマは、ＢＩで現金を誰にでも一律に払うことによって、解決するといわれます。しかし、先ほど言及されていたように、たとえば金額を一律にしたら、重度の障害を持っている人は困るんじゃないでしょうか。

もちろん、一人ひとりのニーズは違います。そこは社会サービスで対応すべきでしょう。それでも、障害を持った方への現金給付については一定の配慮が必要かもしれません。私の『現代思想』のＢＩ特集に出した計算でもＢＩ導入によって廃止するリストに障害者特別手当は入れていません。

■「ＢＩしかもらっていない他の人よりも、多く現金を国からもらってる」という「例外」のスティグマになる可能性は想定されないのでしょうか。

社会サービスで一人ひとりのニーズに対応する場合、当然線引きは必要となります。同じように限定的な特別手当を支給する以上、何らかの線引きは必要となるでしょうが、そこは検討してみなくてはなりません。

■様々な手当もすべてＢＩで一律にしていくのでなければ、国家による線引きは原理的に存在すると思います。むしろ、国家の介入を排除できないのだから、その介入を民主的なあり方に制限していくことも重要になっていくと思います。

## 未来を見据えた議論を

■そもそも、ＢＩと福祉国家を両方同時に主張できるほど、いまの日本の社会運動は強くないという意見もあると思います。

それは敗北主義ですよ。日本の運動を立て直そうと考えないんですか。

■政策的には、現実にそれを実現する運動や勢力に力があるのかが重要ですよね。理念を唱えるだけならそれでいいのかもしれませんが……。両方を主張したところで、それが実現できるのかという疑問は残ります。

繰り返しますが、両方をいわなければいけないんです。手を引くこと自体が新自由主義に負けたことになります。敗北主義的な論点設定ではなく、もっと大きく未来を見据えて議論しましょうよ。

左派が新自由主義的なＢＩ論とのせめぎ合いをどう考えるのかという問題では、二〇一〇年三月にＢＩＪＮ（ベーシックインカム日本ネットワーク）が設立されたということも含めて、私は仕切り直しの時期を日本は迎えているのではないかと思います。この設立集会では、新自由主義的ＢＩ論に対する危惧・懸念が表明されました。『現代思想』のＢＩ特集もまた、この設立集会の雰囲気を伝えてくれています。新自由主義的なＢＩ論がかなり幅を利かせ、社会サービスを解体させるというような言論状況に対して左派・運動の側が対抗していく時期を迎えています。二〇一〇年はＢＩ論の新しい仕切り直しの年として大きな意味を持つのではないかと思っています。

## 新自由主義的なＢＩ論との共闘の可能性

新自由主義的なＢＩ論がＢＩ論のすべてだと思われている現状に対しては、そうじゃないといわなければならないし、そのためにもＢＩの導入と社会サービスの充実の両方を求めていく運動が必要になると思います。ただ、新自由主義的なＢＩ論者とは常に闘わなければならないのかという問題があります。私はＢＩを要求するという限りにおいては新自由主義的なＢＩ論者とも一緒の土俵に立ちうると考えています。

現在の社会保障制度の現金給付部分を切り替えるためにＢＩを導入するという点では右左を

問わず意見が一致しうる。したがって、現行の社会保障制度の欠陥を改善するためにＢＩの導入を要求することでは立場の違いを超えた共闘が可能になる。その点では誰がいおうと意見が一致しうるはずなのです。だから、あえてホリエモンがいっているから反対だとか、経営者的立場のヴェルナーがいっているから眉唾だとかそういう立場は取る必要はありません。ただし社会保障制度の現物給付部分、社会サービス部分を解体させるのか充実させるのかという点でＢＩ論者の議論が分かれることになります。

■経営側がいうことに労働者側がすべて反対すべきとはならないでしょう。政策によっては、戦略的に同じ政策の土俵に乗ることはできると思います。

例えば労働時間の短縮についても、過去からの経緯で見ると、大資本などが労働時間を短縮することによって中小資本を駆逐し吸収していくための手段として用いる場合だってありました。つまり、いろんな改良制度の導入は労働者にとって両刃の剣になる場合が少なくありません。しかし現実的な問題を見た場合、労働時間の短縮というのは労働者にとって不可欠な要求でありましたし、労働運動の発展にも欠かせない要素でした。だからこそ改良制度の導入は誰が要求していようが、制度そのものの中身を検討してみた場合にどう評価すべきなのかという視点が重要であると思っているんですよね。

したがって新自由主義的なBI論者のいう「BIの導入＋社会サービスの解体」と私の唱える「BIの導入＋社会サービスの充実」というのは、BIを要求するという限りにおいては一緒に手を組むということも考えられる。そこであえてあいつらとは手を組まない、というような議論をするつもりはないし、そういう論点設定をするつもりもない。それをしてしまうと、BIは現金給付の部分に限定した構想であるとはいえ、これまでの社会保障の中では実現することのできなかった、すべての者に対して生存を保障する制度を新たに実現させていく可能性を、閉じることになるというふうに思っているのです。

## BIは国民国家に限定されるのか

■なお、従来の福祉国家の限界ということで、第三世界との関係があると思います。BIは労働と所得を切り離すといいますが、先進国の国民の中でそれが実現したとしても、その矛盾が国内の移民労働者や、第三世界で働く労働者に転化される可能性があるのではないでしょうか。労働と所得を切り離すといっても、誰かが働かなければいけないわけです。

国民国家としての問題ですね。私は、移民労働者が合法的に日本に居住している限り、国籍条項なしにＢＩを支給してしかるべきだと思います。非合法的に日本に入ってくる移民・外国人労働者に対してどうすべきかという問題は、ＢＩだけの問題ではありません。

これはとても重要なことなのですが、労働と所得を切り離すＢＩというのは労働市場をほったらかしにしているという誤解が当然あると思います。いまの働き方の問題点は労働と所得を結び付けることによって、生活するためには嫌々でも無理矢理働かなければならないというところにあります。雇用保障するという場合においてもそれを所得保障と結び付けて就労支援をします。ですが、なぜ労働と所得を無理矢理結びつけなくてはならないのでしょうか。労働することによって人間は自らの持てる潜在的能力を発達させ、人間の持っている自己実現欲求を実現していくと私は理解しています。だから所得を保障することによって労働はほったらかしにしてよいというような議論を述べているのではなく、労働からの退出の自由を保障したうえで労働と所得をくっつけないで就労支援をする、そうした就労の場を確保・開発していくことが必要だといっているのです。

ＢＩは万能ではないんですよ。ＢＩだけでバラ色の世界が来るなんて思わせる方が間違いです。だから「ＢＩと社会サービス充実」の両輪が必要だと私は主張しているんです。

# 情報公開型のベーシックインカムで誰もがチェックできる生存保障を

東浩紀

**東浩紀**

あずま・ひろき
株式会社ゲンロン代表取締役。
思想家、作家。1971年東京都生まれ。
『クォンタム・ファミリーズ』
（新潮社、2009年）で
第23回三島由紀夫賞を受賞。
著書に『一般意志 2.0
―― ルソー、フロイト、グーグル』
（講談社、2012年）、
『動物化するポストモダン
―― オタクから見た日本社会』
（講談社現代新書、2001年）など。

## 生存の保障と承認の保障を切り離せ

僕はベーシックインカム（以下、ＢＩ）を支持しているわけですが、それはＢＩが労働と生存、いいかえれば承認と生存を切り離せるからです。労働と承認は非常に密接な関係にあります。よく、承認されないと人間は死んでしまう、それが本当の「生きづらさ」なんだって議論がありますよね。でも、そこまで国家でケアしようとするのは、嫌な言い方をすれば大変コストが高いわけですし、原理的にも無理です。

国家が一人ひとりの生き方に承認を与えるとします。でも、それは日本という国に忠誠を誓えという運動に限りなく近くなります。いわゆる「公」に忠誠を誓い、承認を与えられる臣民たちの集まりですね。だから僕は、国家は生存のみを保障し、承認は保障すべきではないと考えます。リチャード・ローティが「リベラルアイロニスト」と論じていますが、ポストモダンのリベラル社会においてはアイロニーしか倫理として使えません。その場合の「アイロニー」とは、私的な原理と公的な原理を分けるということです。つまり、公的な保障と私的な「よき生」を分ける社会にしていかざるをえないわけです。

それはなぜかというと、僕たちの社会が非常に多元価値的になって、多様な生き方を認めるようになってしまったからです。すべての人間の承認を、社会が一元的に提供することはできなくなりました。だから、個人にはそれぞれ、その属するコミュニティで承認してもらって、それぞれの信じるよき生き方を送ってもらう、という方法しかありません。

ＢＩは究極の自己責任制で、君たちの生存を保障する、あとは君たちで自由な生活を送りなさいという原理だといえます。その「生存」とはいったい何か。もちろん、難病や障害を抱えた人や、多様な生のあり方があるときに、単に一律に現金を給付すればそれでいいというわけにはいきません。それは自明です。むしろ重要なのは、ＢＩによって、承認ではなく、生存だけを国家が保障するということです。承認を国家から切り離すことが大事だと考えます。結果として、ＢＩをもらっているだけの人たちはいまよりも孤独になってしまうかもしれません。でも、それはやむをえないことだし、個別に対応すべきことだと思うんです。

## 「オープンガバメント」化としてのＢＩ

では、生存と承認を切り離したうえで、多様な生をＢＩでどうやって保障するのか。多様な生に応じて単に一律に現金給付して、あとはそれでよろしく、みたいなかたちではダメでしょう。それぞれの人間に応じて、それぞれの人間の生存を保障するためには、大量の個人の生活情報が公開され、しかもそれをみんながチェックできる必要があります。BIも税金からでているわけだから、その税金を何に使っているのか、説明責任が発生します。

プライバシーはちゃんと確保するという前提のうえで、BIの使い道について、正規の請求があったら情報公開をして、ある程度匿名化の加工をしたうえで、政策立案に使うことも考えられるでしょう。生活保護に対して、それこそ2ちゃんねるみたいにネット上で、「あいつら不正給付でうまい目見てるんじゃないか」という嫉妬の怨嗟が出てくるのは、結局情報が公開されてないからです。BIというだけではダメで、使途を原則公開するしかないと思います。極端な話、万人が万人のBIの使い道を監視できるようになる必要があるかもしれません。そうでないと、「あいつはBIをガメてて、子供を放置してパチンコばっかり通ってる」とか、変な詐欺が横行するだろうと誰もが予測してしまう。そういう告発や怨嗟に対してこそ、オープンネスを使えば良いんじゃないでしょうか。あそこの家はおかしいよ、と考える人が所定の法的な手続きを経て、検査機関に訴えたり、チェックできるようにすればいいと思います。

猪瀬直樹さんが道路公団民営化問題でやったことは、いわば「オープンガバメント」化みたいなものですね。とにかく決算や需要予測を出させて、マスコミも巻き込んで劇場型にして全部検討したわけです。それこそ、USTREAMの事業仕分け中継なんかも似ているんですけど、これからのネット化の流れのなかで、官庁もかなり情報を出さなきゃいけない。それに対してみんながネット上で見てつつくみたいなことも出てくるわけです。

そういうなかで、例えば道路の需要予測をどうやって正確にやっていくかといったときに、一人ひとりの個人の情報がすごく重要になりますよね。そういうものとBI、電子マネーをひもづけして、さらにその電子マネーをトレーサブルにすれば、個人の生存にとってどれくらいの金額が必要かということも、フェアなところで算定できるようになるはずだと思います。むろんそれは見方によれば、生命に値段をつけるという話でもあり、とんでもないのかもしれません。しかし、すべての医療や福祉は原則、生命に値段をつけている、それは避けられないのであって、それならば緻密にやるしかないのではないでしょうか。

## プライバシーを「買う」社会へ

多様な生を保障するといったときに、かつてフーコーが「生権力」と呼んだような問題が、さらに深刻になっていくだろうと思うんです。左翼用語でいえば、すべてのプライバシーを丸裸にされて、自分の生活の隅々までグローバルな資本主義の論理が貫徹され、しかもそれが国家による管理に結びついてしまう世界。しかし、それを問題にしようとしても、もはやどうしようもないところにきている。敗北主義とかではなくて、その現実をある程度受け入れないことには、現代社会の生を考えるのは難しいのです。そこで、生存を保障される代わりに、自分の生活情報を国家に売るという考え方ができないか、ということを考えます。

例えばいまの社会って、いつどこでどういうものを食べているか、どこに遊びに行っているか、何時くらいに寝ているか、どうやって病気になったか、そういう各人の健康状態やさまざまな個人情報が大量にデジタルデータに蓄積されるような世界になっているわけですよ。

こういう情報って、欲しい人はすごく欲しいわけです。倫理的なことはとりあえず横において、その情報を売ることによって、例えば月四万円が入るとしたら、売る人はいるのではないでしょうか。実際に現時点でも、僕たちは個人情報を売って生活しているところがありますよね。携帯電話だって、僕がいまどこにいるかとかの情報を売り渡すことによって、電話会社がどこでも電話を通じるようにしてくれているわけですから。

■正直なところ、私は現時点でのＢＩ導入には慎重ですが、東さんの構想についてはさらに驚いています。ＢＩ論はもともと、生活保護を受給したときのスティグマを自動的になくすことのできる理想的なシステムとして提唱されていたものだと思います。そこから考えると、個人情報データが何でも開示されてしまうという国家は、違和感があります。

そうですね。それはある意味で、超生権力国家とでもいうべきものになる。ただ、僕がいっているのは、オープンになるのは結局ギリギリの生存のお金だけであるような世界です。すべてを丸裸にする監視社会の話はしていない。オープンネスとセットになったBIなんて気持ち悪い、自分は絶対匿名的なところに行きたいんだという人は、それとは別の市場で金を調達し、プライバシーを買ってもらえばいい。これも、いまだって実際にはそうなっていると思いますけどね。

生存は絶対的に保障するから、生活情報は渡してほしいという、究極のサービスプラットホーム。生存を保障するために最適な手段をいまのテクノロジーを前提として考えたら、結局こういうBIのかたちがありうるんじゃないのかなと。

## 労働するインセンティブはなくならない

■つまり、お金を稼げない人は、プライバシーを確保できなくても自己責任となるわけですね。なお、生存と労働が切り離されるということでしたが、東さんのBI論において、労働はどう位置づけられるのでしょうか。

ニコニコ生放送で同席した堀江貴文さんや小飼弾さんは、労働は基本的には趣味と変わらないんだっていってますよね。僕は彼らほど能天気ではないつもりではありますが（笑）、一理あると思います。僕たちが生きている現実では、実際には労働といっているものの多くが単なる記号操作になっているわけで、実際に物理的に手を動かして、大地からモノを取り出している人は少数派になっています。

近代の労働や所有は、ジョン・ロックによれば、ほとんど価値のない荒地があって、そこで労働することでその荒地が百の富、千の富を生み出していく、というところから始まったわけです。しかし、いまや僕たちがやっている労働は多くは右から左に記号を動かして、記号を動かした事実を積み重ねることで上澄みを取るみたいなものばかりです。そんな労働は趣味でやりたいやつだけやれば、という考え方が出てきてもおかしくないでしょう。

一方で、このＢＩを導入すると、きつい労働をする人間がいなくなるんじゃないかといわれますが、僕は決してそうは思わないんですね。労働するインセンティブも結構あると思いますよ。現在の情報資本主義的な世界においては、オープンソースを開発している人たちも、そのコミュニティに承認されることが好きだから労働しているわけです。そういうかたちの労働もありえると思います。

それに、ＢＩの利用情報が公開されるのなら、ＢＩで競馬とか性風俗店には行けなくなります。労働しないとそういうプライバシーは買えなくなるわけですから、逆にその意味でも労働するんじゃないかと思うんです。そういう労働は趣味だといえば、趣味ですよね。へそくりを貯めるために労働しているようなものです。

## 正社員信仰という日本社会最大の「悪」

労働と承認ということでいえば、もう日本社会には、正社員のお父さんがいて、お母さんがいて、兄貴がいて妹がいるという、標準世帯といわれるようなタイプの家庭は少数なわけですね。少数なんだけど、そのモデルを中心に、税制や雇用保険などの制度はいまだに成立しています。そういうギクシャクさがいろいろなかたちで蓄積しています。

みんなが正社員になれる社会なんてもうありえないし、そもそもそれは正義にもとっていると思います。結局学歴社会の問題も、新卒で就職しないと負け組になってしまうのも、全部正社員信仰に還元されるわけで、すべてがもうありえないわけですよ。正社員の問題は日本社会の最も大きな悪のひとつです。なぜかというと、働いてちゃんと自分の能力を社会に還元すれば正当に評価されるのではなくて、あるタイミングでたまたまどこかにいたやつが勝つ、みたいなシステムだからです。だからみんな、お互いがずるをしているんじゃないかと相互不信もすごく高まっているし、生活保護に対して矛先がむくのも、そういうことだと思うんです。

　それを、ひとりの個人がどんな人生を歩もうが、最低限の生存を保障し、最低限のセーフティネットを与えるところまで一回ならすと。ならしてしまったら、この生き方が正しいんだという承認は、もう誰も与えてくれません。労働についても同じです。正社員と非正規雇用との間の格差は、みんなを正社員にするという方向ではなく、同一労働同一賃金を徹底化して、同時に雇用を流動化するということが、最も正しい解決だと思います。正規雇用でも非正規雇用でも、同じ労働をすれば同じ賃金が得られる。でも、これは過酷な世界ですよ。50歳になっても、同じ労働だったら20歳と同じ賃金ということですからね。

■たしかに、経済成長を前提とした年功賃金型の生活保障は、もともと問題があったうえに、もはや機能していません。私も、同一労働同一賃金の導入を支持しています。ただ、ヨーロッパの同一労働同一賃金でも、スキルの向上などによって賃金は上がります。
　それでいいと思いますよ。いままでの日本の労働には、承認される要素がいっぱいあったわけですが、それが全くなくなってしまうわけです。それをすごく過酷だと感じる人はいるでしょうけど、僕はそちらの方が正しいと思います。

■むしろ、同一労働同一賃金によって、会社コミュニティにおける「どこの会社の正社員」という承認ではなく、仕事そのものに「私はこの仕事ができる」という承認の契機が生まれてくるのではないでしょうか。そこから、同じ仕事をつうじ、会社を横断した承認や連帯の可能性もあると考えています。

## 公共サービスの無償化か、天下り化か

■冒頭で、生存保障はＢＩによる現金給付だけではないというお話がありました。ＢＩの導入により、逆に他の社会保障が削減されたりはしないのでしょうか。同一労働同一賃金にしても、たとえＢＩにしても、現金だけで生活するのは不安定ですから、公共サービスの無償化が重要だと思います。

生存を保障することの中に、最低限の教育は含まれると思います。金だけ渡してあとは家で教育すれば、というわけにはいかないでしょう。数字の読めない人をいっぱい生み出しても仕方ないですから。生存を保障することには、いまの義務教育や最低限の医療の保障は当然そこ

に含まれるはずです。

それらの保障をＢＩで、というとそれぞれ個人の判断に任せるというニュアンスにどうしてもなってしまうわけですが、電子マネーのＢＩならば、例えば、医療や教育クーポンにしか使えない電子マネーを発行すればできるじゃないですか。公共サービスを無料で提供した方が、むしろ効率的なんだという議論はありますが、民間に任せてクーポンを発行する方が、市場の競争が成立するから効率的なんじゃないのかと思います。

それとは別に、おそらく日本でそういう議論が高まるのは、やっぱり日本が基本的に天下り特殊法人、そしてその周りのファミリー企業国家であって、いまの日本における「公」に対して、誰も信用していないからでしょう。だから、いまの日本で無料サービスとかいったら、「また特殊法人増えんのかよ」と誰もが思うわけですし、実際にどんどん太っていくわけです。いまは保育園が足りないけれど、あと20年もしたら、今度は子供もいないのに、保育園ばかりつくられていたとか。そういう意味でも、やっぱり民営化とクーポン化の方が良いんじゃないでしょうか。日本でスウェーデンみたいなタイプの方向に舵を切ると、保育園公団みたいなものが現れ、大変なことになっていく可能性もあると思います。

## 市場化より消費者のリテラシーが問題

■B―のような現金給付と公共サービスの市場化により、社会保障の質が劣化する危険性はあると思います。子ども手当の一方で、保育所の面積基準の緩和がすすめられたりしています。

むしろそこで考えなければいけないのは、市場の問題というより、消費者のリテラシーというか、消費者の賢さの問題なんじゃないかという気もするんですよね。保育園については、たまたま四歳くらいの娘がいるのでリアルにわかりますが、親がどうやって保育園を選んでいるかというと、面積とか駅からの近さとか、何時まで延長保育してくれるかという数字なんですよ。あんまり親の方も賢くないんですよね。

でもこれも当たり前で、保育園って人生で一、二回しか行けないわけですよ。何回も保育園を選んで失敗するという蓄積はありえないから、親もリテラシーがない。でも、駅から近い保育園は、雑居ビルの三階とかで、園庭もなくて、子供にとっては必ずしもベストでなかったりするわけですよね。

現に保育園の認可基準の撤廃で揉めていて、一方には待機児童が山ほどいて、他方には質の低い保育園が増えるだろうという気がすると。でもそれは、市場に任せたからではなく、親たちの心の貧しさ、見る目のなさみたいなものだと思います。

■安く、かつそうした基準を満たした保育所の選択肢があまりないのではないでしょうか。

問題はもっと複雑なんじゃないかな。延長保育をする保育園は人気があって、しない保育園だと結構空いてたりするんですよ。働く人間としての使い勝手の良さと、子供にとっての良さという、ふたつのニーズが両立しないんですよね。そうすると、市場化すると、労働者にとって都合が良いサービスばかりがどんどん増えていくわけです。それは、子供が選べないからです。父親も労働者、母親も労働者ですから。

だから逆にいえば、子供の利益を代弁する人がいれば、ちゃんとした市場競争が起きるはずだと思うんです。僕たちがいま生きているサービスのほとんどは市場によってつくられているものですから、ちゃんと競争すれば市場で質がよくなるはずです。

## 過剰に国家に依存しない社会を

■でも、いま指摘された問題はやはり、夫婦とも長時間働かないと生活ができないという労働問題ではないでしょうか。そもそも休めないし、長時間労働をしないと生活に必要な金が得られない。だから子育てに必要な時間が削られてしまうという。むしろ、労働時間規制によるワークシェアリングが重要だと思います。

その問題に関してこそＢＩが解決になるのでは。ＢＩが導入されてぎりぎり最低でも所得が保障されていれば、そういうタイプの不安は消えます。

■しかし、ＢＩの支給額が生存に必要なギリギリの金額ということなら、労働のインセンティブは多くの人にとって残るわけですよね。そうしたら、ＢＩを導入していても会社側が有利なままで、労働条件はよくならないと思いますが。

いまの社会もそういう問題を抱えていますよ。それが少しはよくなると思いますけど。大事なのは、国家が生存を保障しながらも、個人個人が過剰に国家に依存する精神をなくすということです。さっきの特殊法人のことにしても、けしからんとよく日本人はいいますけど、そういう日本人一人ひとりが子ども手当を喜んで受け取っているのであって、基本的に上から何かふってくるのにぶら下がって生きていこう、という精神なんですよ。その精神を根本から叩き直さないと、この国は沈没しますよね。

僕たちの社会ではいま、どこまでぶら下がるとどこまで甘い汁が吸えるのかがよくわかりません。ＢＩのアイディアが良いのは、ここまでしかぶら下がれない、ここから先は何もしない、とはっきり線を引くことです。それは人によっては冷たいと見えるんでしょうが、無限に国家が面倒見るわけにはいきませんからね。

劣悪な雇用条件の会社につかまってしまうケースだって、むろん悲惨といえば悲惨ですよ。しかし、ＢＩがあれば「おまえ辞められたはずでしょ」となりますよね。それしかないんじゃないでしょうか。

## 運動アレルギーをどう乗り越えるのか

■個人がバラバラに国家に依存するか、全員の保障を最低限にするＢＩかの選択より、個別に共通する制度的・構造的な課題を見つけて社会に働きかけて、新しい保障をつくっていく社会運動の役割が重要だと思います。

それはむろんそうですよ。ただ、どうなんでしょうね。さきほどから、とっても「運動家」的な反論ばかりで、少し話していて戸惑うのだけど。

僕は自分が右だか左だかわかりませんが、ちょうど小林よしのりの読者の世代なんですね。僕自身はほとんど読んでませんけど、同世代はすごいインパクトを受けています。それでいまの三〇代後半くらいの世代は、多くが「左翼」とか「市民運動」は悪だと思っていますよね。そういうやつがこれだけ多い世界を前提に、彼らのアレルギーをどう変えていくかを僕は発想しますけどね。

別にこれは運動家批判をしているわけじゃないですよ。僕は思想とか批評とかをやっていますが、そこでだって、もう「フランス現代思想」、「ネグリ」とかいっただけでアウトとか、そういう次元なんです。そのときに、ネグリ＝ハートを引用して『現代思想』とか『VOL』で論文を書いているというのは、何の意味もないんですよ。申し訳ないけど、この十年間、そういうタイプの「現代思想」はまったく新しい思想や運動をつくり出せていないと思う。そういう問題を僕は自身の経験で実感しているつもりなんですけどね。

結局「ロスジェネ論壇」だって、労働問題という外見を取っていたけれど、実際には若者世代の承認闘争でしかなかったわけでしょう。特に『ロスジェネ』は第四号なんて明らかですね。そういうとき、生存の保障は承認闘争・承認の政治にもう関わらない、とドライに考えていくのは大事なんじゃないでしょうか。そのときにＢＩは頭をすっきりさせてくれるものとしていいと思います。

「市民」「労働」「運動」なんかも、昔だったら、知の集結点として機能したはずですが、こういう言葉には、全部手垢がついてしまっています。『ロスジェネ』がすごくフレームアップされたのは、上の世代からわかりやすかったからです。上の世代の想像力は、絶望的なまでにイデオロギーに染まっています。そこで新しいポジションを獲得するのは、イメージ戦略の問題なんですよ。例えば『POSSE』も「労働問題総合誌」とか名づけた瞬間に読者が限定されてしまうとか、そういう現実はあるでしょう。

## 同床異夢は悪いことではない

■日本の社会運動におけるヘゲモニー戦略の課題は大きいと思います。しかし、マスメディアを舞台とした空中戦にも限界があるのではないでしょうか。ここ数年、格差問題はある意味ブームとなり、飽きられてきています。

これからは、個別の問題解決と政策提言の実践で結果を出していくことが重要になると考えています。私たちのNPOにも労働相談は連日来ていますし、政策提言のための調査活動もすんでいます。

いまのBIブームも、実践的な取り組みに欠けた格差ブームが、新自由主義に絡めとられながら末路をたどっているように私には見えてしまいます。

新自由主義に絡めとられる……。その発想が「敵」「味方」のレッテル張りの論理ですよね。僕はそういう考え方はとりません。

結局、堀江さんと雨宮処凛さんが一緒の席でBIでOKといってることを、ポジティブに評価するか、ネガティブに評価するかでしょう。左翼運動家の人たちというのは、そういう点で非常に懐がせまい。そこでホリエモンを利用してやろうという発想がなぜないのか。我々の運動をホリエモンだって理解してくれるんだ、っていったら、読者も勘違いかもしれないけどいっぱい増えるし、それは力になるわけですから。雨宮さんがしたたかなのは、そういう人たちも結構味方につけてることですよね。

■堀江さんと雨宮さんだと、BI論については同床異夢である印象を強く持ちます。

同床異夢は悪いことではないんですよ、何かを動かすときには。BIがここのところ話題になってきているのは、やっぱり堀江さんとか小飼さんとか、ああいう人たちが話題にし始めていることが大きい。それは彼らが、全く左翼運動に関係ないからですよ。こんなに関係ないやつでも良いっていうなら、左翼的でイデオロギー的なものじゃなくて、もう少し可能性があるのかと思って、BIにいままでより広い関心が集まってきているわけです。それを、堀江の議論はいい加減だからとかいったら、せっかく出てきた芽をぶっ潰してしまう感じが僕はしますね。

■外部から文句をいっているだけでなく、制度に介入したり、立場が異なる相手と議論の場をともにすることも必要だと思います。しかし、そこで安易に同調するのではなく、互いの対立点について明確にする、闘技的な民主主義がより必要なのではないでしょうか。
今回のBIの議論も、どういう保障がこれからの日本社会にふさわしいのか、社会的な理解を深めていくきっかけにできればと思います。

そうですね。今後の実践を楽しみにさせていただきます。

# 経済成長とベーシックインカムで規制のない労働市場をつくる

飯田泰之

**飯田泰之**

いいだ・やすゆき
駒澤大学准教授。
1975年東京都生まれ。
専門は経済政策、マクロ経済学。
著書に『ゼロから学ぶ経済政策
日本を幸福にする経済政策の作り方』
(角川Oneテーマ新書、2010年)、
『経済は損得で理解しろ!
——世界一シンプルな経済入門
日頃の疑問からデフレまで』
(エンタープレイン、2010年)、共著に
『日本経済復活　一番簡単な方法』
(光文社新書、2010年)など。

## 「結果の平等」のための生活保障を

「結果としての平等を求めると、みんな働かなくなる」「必要なのは機会の平等であって結果の平等ではない」という主張があります。こうした保守系の格差論は、経済を一回限りのゲームかのように考えています。しかし、これははっきりいってダメな区分です。一度の成功がさらに成功しやすい状況を作り、失敗が続くとさらに成功が難しくなるという点を忘れている。そういうときには「結果の平等」が非常に大切になります。人間は何回も成功したり失敗したりを繰り返しながら生きていくということを忘れてはいけません。

チャレンジ精神が足りない、チャレンジ精神がそがれるといった議論についても話は同じです。失敗したときに死んでしまうのであれば、チャレンジができるわけがありません。自分がこれで儲けられるのではないか、これでもっと楽しく過ごせるのではないかと思ったことをやって、うまくいけばよし。うまくいかなくても最低限の生活が保障されるということが、チャレンジを喚起します。経済全体を伸ばすためにも「結果の平等」が必要なんです。

ただし、「結果の平等」を整えると害があるのは間違いない。いつでも得られるレベルの収入と保障所得を足すことによってまあまあ生活できる、失敗しても細切れのバイトと補助金をあわせれば生活できることが大切なんです。

現在の日本ではどうでしょう。絶対的貧困ももちろんあるわけですが、それ以上に労働環境が大幅に悪化することによる精神的なきつさ、いわゆる「生きづらさ」問題が大きい。この「生きづらさ」はどこから来るか。第一の理由は、会社を辞められないからです。辞めてしまうと生きていけない。辞めやすい社会をつくるためには、会社から放り出されても死なない生活保障が大事です。待遇が異常に悪い会社に人が居つかなくなるような仕組みが必要です。そうすればブラック企業には人が居つかないので、経営そのものができなくなる。十分に労働者を引きつけられる会社しか生き残らないわけですから、労働環境は一気に改善に向かうでしょう。

## 高すぎる生活保護？

そこでベーシックインカム（以下、ＢＩ）です。現状の生活保護システムはうまく機能していません。都内の単身者の場合、資力調査を上手にくぐり抜けてしまえば何もしなくても家賃補助を含めて一四万円くらいもらえます。その一方で資力調査をくぐり抜けられなければゼロ円。もらえる人ともらえない人の差が大きすぎます。ＢＩを導入したうえで生活保護制度を残すのであれば、より厳しい資力テストや、障害や育児といった事由で、本当に働きようがない人だけに限定すべきです。

現在のところ、生活保護法は非常に無茶な法律になっています。稼げないことが証明されれば無差別に配られる。その意味では超おいしい。ただし本当に無差別に配ってしまうと財源が間違いなく足りません。そうすると、支給するかどうか、役所側の裁量権が大きい制度にならざるをえません。

「生活保護＝もらってるやつは悪い人」というイメージは、この役所の裁量が原因です。政治的な圧力に強く依存したかたちで受給が決まってしまう。生活保護は事実上ルールではなく、裁量に基づいたシステムの運用を前提にしているわけです。その結果、本当に必要な人が生活保護を受けられないという状態を生んでしまいます。受給すると、世間と違う「向こう側の人」になってしまうのではないかと恐れてしまう。地方では村八分になってしまうという恐れさえあるといわれます。

## ルールに基づいた所得保障を

ルールに基づいた受給に対しては、社会的にも受給者当人にとっても納得感があります。その意味で社会保障制度、特に最低レベルの保障に対して、厳格で運用が容易なルールに基づいた解決をおこなわなければなりません。そのひとつがＢＩであり、負の所得税です。まず、支給する水準については、五～七万円が僕の考えている数字です。家賃補助もいっさいなしで。ただし傷病・障害と母子家庭は別途手当です。この金額の理由は、単に老齢基礎年金が月七万円だから。ＢＩを導入して老齢基礎年金を廃止するというのが僕の考えなのですが、おそらく五万円だと廃止できないので七万円というわけです。

一人暮らしの場合、風呂なし・トイレ共同のアパートは都内ですら三万円台です。一日一〇〇〇円の食費で暮らせば死にはしないですね。医療費・被服費はＢＩに加えて月五～六万のバイトでやりくりしてほしい。その意味で、ＢＩまたは負の所得税方式の給付額はこのくらいになります。

ＢＩのほうが制度としてはシンプルで望ましいです。誰にでも同じ金額を支給するＢＩだと、月七万円ですら八〇兆円の財源が必要です。現在の日本政府の歳出規模が八〇兆円くらいなので、これをすぐに達成するのは難しい。必要な財源は莫大になる。財源をどのように手当するかを考えると現実的には同じ手取りを達成する負の所得税に分があるでしょう。また、所得税制度の延長線上にある負の所得税方式に慣れ親しんでからのＢＩという道をたどるのがよいかもしれません。

負の所得税方式を事実上のBIとして機能させるために必要となる準備は二つです。

ひとつは所得税の世帯課税を個人課税に切り替えること。それによって個人個人にとっての所得が出てくるわけです。専業主婦であればゼロ円ですね。または夫婦は合算して割る二というのもあるでしょう。こういった設計は経済学的に結論を出せるものではなく、大勢の意見に従うべきです。次に、その所得にしたがって所得課税、低所得者に対しては給付をおこないます。この組み合わせで、BIとほぼ同じアウトカムを出せます。負の所得税だと、例えば月七万円、年八四万円の三倍にあたる収入二四〇万円以下の人に対して、収入がゼロから一二〇万円ならば年八四万円、収入が一二〇から二四〇万円ならば所得に応じて減額した給付をおこなえば良い。たとえば、一八〇万円なら年四二万円とかね。これは労働インセンティブをそがないように様々な設計方法が可能でしょう。この方法だと表面上の財政規模をそれほど膨らませないで済みます。

同時に、生活保護と老齢基礎年金は是非とも廃止か大幅縮小したい。この二つをやめるためにBIをやるという考え方もあり得るでしょう。生活保護予算がいまのところ二兆、将来的には六兆円といわれているので、これが浮きます。老齢基礎年金の財政投入はいまのところ一五兆円ですので、これも浮きます。

財源として考えられるのは相続税でしょう。日本の場合、八〇兆円も相続財産があるのに一・二兆円しか税収をあげていないバカな税金なんですね。そして、固定資産税。これも現在きわめて免税範囲が大きいので、事実上払っていない人が非常に多い。

この二つ、とくに相続税については上手にデザインすれば二〇兆、下手でも一二兆の税収があげられます。一二兆円と老齢基礎年金の一五兆円と生活保護費の二兆円、あと累進課税から三〜四兆出てくると思うので、そのあたりを財源に負の所得税によって事実上のBIを達成するとよいでしょう。この設計は技術的に不可能なものではありません。

## 経済成長がないとBIは維持できない

ただ、このBIを維持するには一定水準の経済成長がないと難しいことも忘れてはいけません。BIでぎりぎりの生活をする人が増えると、需要が縮み、売り上げが落ち、会社がつぶれる、さらにBIだけで生活する人が増え、需要が縮むというスパイラルに陥るのは防がなければならない。恒常的に実質二%、インフレ二%で名目四%の経済成長率を維持できればこのようなスパイラルは生じないでしょう。

その意味で、目先でいうと景気を回復させること。長期的には成長政策によって新しい需要とそれをつくる生産力を掘り起こしていく必要があります。ですから経済成長、景気安定化、再分配の三つは切っても切れない縁にあるわけです。この三つが揃っていない、ひとつだけという選択肢はありえません。

たとえば、小泉・竹中路線は経済効率を上昇させて長期的な成長を上げることで突破しようという考え方でした。でもうまくいかない。民主党政権は広い意味でいえば、実際のところ何もやっていないわけですが、方向性としては再分配です。これもうまくいかない。一本足で立つことは、経済政策ではできません。三本足どうしても必要なんです。

そのためには、インフレもしくは円安が非常に大きな手だと思います。インフレと円安は裏表の関係なのでインフレになれば円安になりますし、円安になればインフレになりますので、どちらからはじめてもいいのです。

自国通貨を劇的に下げることによって雇用を守ってきた例が韓国です。現在、ウォンの暴落によって韓国経済は好調を維持している。ウォンが暴落しているといわれます。でも、じつは意図的に減価させているんですね。ウォンが安いから韓国製品は安い。質もいい。中国がアメリカに楯ついてまでかたくなに元安を守ろうとしていたのも、為替レートを自国通貨高にすることの怖さをわかっているからです。また二〇一一年後半にスイスは明確に自国雇用の保守のために無制限介入を行い、三ヶ月で三割ものスイスフラン安を達成した。

日本だけが寝ぼけたことをいっています。最近ユーロが暴落していますが、そこでユーロ圏、特にドイツでは製造業が非常に好調です。ドイツの製造業の労働者の賃金がドル建てでみて安くなっているからです。日本でも二〇〇〇年代前半にテーラー・溝口介入があり、このとき円安によって九州北部と東北南部は製造業が非常に盛んになりました。一ドル＝一一〇～一二〇円台くらいだと、日本の労働者は質で調整すれば世界で一番お得な労働者となるんです。

## 円安は簡単にできる！

■そんな簡単に円安にでき、さらに経済成長もできるのでしょうか。

円安は簡単ですよ。中国も韓国もやっている。そして二〇〇〇年代前半の日本もやった。それがなぜいまの日本にだけできないと考えるのか……理解に苦しみます。二〇一二年二月に日本銀行政策決定会合はごく控えめな金融緩和宣言を出しましたがそれだけで二週間で一〇％弱の円安です。

労働者最大の味方は人手不足であることを思い出さなければいけません。日本で法制度から退職金の税制優遇、福利厚生費の拡大など労働者の権利が認められてきたのは、高度成長期にずっと人が足りなかったからです。企業側は辞められるのが怖いから、どんどん譲ってくれた。いまそういった人不足の状態をつくるには、日本で人を雇うことが有利になる必要があります。どう責めたてても、企業は日本で人を雇うのが損だと思えば、雇わない。海外で製造をおこないます。

人手不足をつくる方法のひとつは、賃金を切り下げることです。でもこれは嫌でしょう。僕も嫌ですもん。賃金が下がるのは嫌ですが、金額は変わらないけれども国際的にみた賃金を下げる方法はある。それが円安です。円安と賃下げどっちがいいかと労働者みんなを問い詰めたい。円安なら日本で人を雇いたいという企業が増える。人手不足では、変な労働条件では「おれは働かないよ」「他にもっといい会社があるから」という状況が生まれますから、労働者にとっては働きやすい社会ができあがる。

円安にするのはそれほど大変なことではありません。韓国をみればわかるとおり、通貨量を増やせば、勝手に円安になってしまいます。一番簡単な方法は固定相場制ですが、政治的には難しいでしょうね。アメリカは円高を望んでいますから。なんとか金利をゼロに長期的に張りつけるというように約束して、円が勝手に安くなるというのが一番のポイントだと思います。いつまでも金利ゼロの通貨なんてみんな持ちたくないでしょう。勝手に安くなった円についてドルが文句をいえるほど、いまは対日赤字は大きくない。アメリカは、国内金融政策に合わせた自由な為替相場の変動が望ましいとずっといい続けているので、それをいきなり反故にはできないと思います。

だから、一番目先でできて、法改正も必要ないのは、失業率が何％以下になるまでゼロ金利を継続するといってしまうことですね。金融政策の目標としても、雇用を入れないとダメです。日銀が最近、景気回復基調とかいっていますが、銀行の景気が良くなると日銀にとってはもう景気回復なんです。日銀はかつての守備範囲であった銀行業のみが「日本経済」かのように考える傾向がある。経済政策はもちろん銀行のためだけではなくて、全国民のためのものです。だから日銀は雇用を目標に入れないとおかしい。最近の研究でも、インフレオンリーより、何かを両建てでやったほうが安定性が高いとするものもある。それが雇用だと僕は思うのです。

## 雇用の流動化で採用が増える

短期的な戦略としては景気の安定化、インフレ・円安。中期的にはこのインフレ・円安でできた財源によって所得再分配をやらなくてはいけない。さらに長期的な戦略としては、なんといっても雇用を流動化させなければなりません。労働者が最適な職場に就くことが経済の効率性を高める……つまりは再分配の原資としての経済成長を導いてくれるのです。

流動化に際しては金銭解雇のルールをつくることが一番シンプルな解決法でしょう。現在の労働争議で、例えば不当解雇であるとして会社を訴えたとしましょう。何年間か裁判をやって、裁判のコスト・手間を差し引いて補償金を年収一年分ももらえている人はほとんどいない。解雇の撤回を勝ち得て職場への復帰を果たしたとしても、そんな職場にいて楽しいでしょうか。

さらに、雇う側にとっても事情は同じです。労働法をちゃんと守っている会社、つまりはブラックでない会社ほど一回雇ってしまった人をクビにしにくい。そうすると採用にとても消極的になります。業務内容によるのですが、何十人を採用すれば仕事が全然できないという人が一人くらいはどうしてもいますから。このどうにもならない新人を最小限に抑えたいために採用そのものを最小限に、採用するときはできる限り無難な人材をということになる。

そうした状況では、フリーター経験がある人、勤めていた会社がブラックだから辞めた人はどうしても雇われにくくなる。企業を一度辞めているという理由で、「働けないやつ（かもしれない）」というレッテルを貼られて、労働市場への再参入が難しくなります。

その一方で金銭解雇ルールがある場合は、ダメなら解雇手当を払えばいいからとりあえず雇ってみるか、となる。ちなみに、解雇ルールが明示化されても、それほどクビにならないですよ。部署の全員が、「あいつはやばい」と思っている人を金銭解雇するだけです。

たとえば半年分の賃金を支払うことで解雇できるというルールをつくれば、企業側も採用をしやすいし、働く側もクビになっても半年間は食べていけます。中小企業は三ヶ月分でアップアップのところもあるでしょうから、労働法上は退職金プラス三ヶ月とし、それ以上は労使協定で決めるといった解決法があるのではないでしょうか。

## 退職金という名の人質制度をやめよう

人材流動化のために、退職金の優遇税制をやめることも必要です。現在、退職一時金は所得税の累進を受けません。そうすると、毎年高い給料をもらうより、最後にドカンともらったほうが労働者にとっても手取りが増えます。払う側にとってもたくさんの額を労働者に渡せるから得だということになり、大企業を中心に退職金が生涯賃金の多くを占めるようになっています。

しかし、これでは退職金を人質に取られて働いているようなものです。途中で辞めてしまうと退職金は大幅に減額されるので、人材流動化を妨げています。この退職金の優遇税制をやめると日本的退職金システム自体がなくなるでしょうね。おそらく、外資系企業でよくありがちな一年分や功績に応じた特別ボーナスという退職金が多くなると思います。定年退職の場合も一年分。いまは上場企業で二〇〇〇～三〇〇〇万円くらい、年収四～五年分くらい出していま す。

日本の場合、大企業ほど労働移動というものが少ない。すると、二二歳で（自分には全く向いてないという意味で）まちがった会社に入ってしまったら、特に大企業の場合は六〇歳になるまで、その人が自分の実力を発揮できない職場に張り付くことになるのです。これほどの人材資源のムダはありません。

辞めても困らないという環境、雇って失敗しても取り返しがつく状況、双方にとって状況を整えてやることが人材流動化の一番のポイントです。人材の流動化は、一番実力を発揮できるところにその人を動かすことですから、実はこれは一番経済成長にとって大きなエンジンになりうるわけです。

## 給与を下げずに人件費負担を下げるには

規制をもっと強くして、いま職に就いている人を守ろうとすると、これから職に就く人を非常に厳しい状態にしてしまいます。これから働こうとする人にいまよりよい条件を与えるためには、すでに雇われている人の待遇を下げなければいけません。現在の日本では、雇用されている人の二~三割は過度に給料が高くて、残りの七割は過度に給料が低いというイメージでしょうか。これを是正するには下を上げるのも重要なのですが、上がちょっと下がるしかありません。

しかし、賃金の引き下げはいやですよね。第一にローンや子供の進学といった人生設計がありますから額面を下げての調整はショックが大きすぎる。必要なのはインフレの中で「もらいすぎ」の人の給与の伸びが抑えられることでの格差調整でしょう。だから僕は二%のインフレを主張しています。米国では四%インフレという主張も出てきていますね。四%のインフレで、額面が変わらないと賃金は事実上四%下がっていくことになる。その四%賃下げできているものを原資にして、賃金構造を変えるなり新しい人を雇うなりの措置が可能になるというわけです。

さらにいうと、年齢給を労使協定しているところが多いんですね。大学院を博士までいったという人が、就職しようとしても二七歳だから、新規採用で未経験なのに、その二七歳の給料を払わなければいけないんですよ。それは雇いませんよ。ですから経験年数で給料を決められるようにすればだいぶ変わるでしょう。経験給や年俸でいいんです。

■先ほどからのお話は、日本型の年功賃金にも原因があると思います。新卒や勤続年数ではなく、その人のできる客観的な仕事の内容で採用も賃金も生活を支えることが重要だと思います。また、日本では解雇規制がそもそも守られていないケースもよく見られます。さらに規制を逃れるために、解雇ではなく、退職勧奨で労働者に自ら辞めるといわせるケースも多いです。

まさに城繁幸さんがいう「退職勧奨は日本のコンプライアンス」ですね。解雇できないからいじめ抜いて辞めてもらう。そうしたら自主退職ですから退職金は下がるし、解雇手当は出ないし、雇用保険も三ヶ月待たされるし、これはもう最悪のシステムです。それより、クビにしていいことにしてその月から雇用保険がもらえて、解雇予告手当をもらえるほうがずっといいのではないでしょうか。

## 守られていない賃金規制は撤廃を

■BI導入によって、最低賃金制度についてはどうなりますか。

全廃するとよいでしょう。賃金に対する規制ほど馬鹿げたことはないと考えています。理由は簡単です。雇いたい、働きたいという需要を最低賃金が止めてしまうんですから。賃金に対する規制は、人々の生活保障の負担を企業に間接的に負わせようという制度です。そしてその企業負担分、企業は雇用を抑制することになる。

その一方で最低限の生活を守る制度は必要です。だから、所得保障は公的におこなって、結果としての平等を国が財政的に担保して、企業に対して税金は取っても行動には何も口を出さないというのがよいでしょう。

制約条件が増えれば増えるほど、解が存在しない可能性が高まっていきます。五変数の連立方程式に独立な式が六本あれば、解は存在しない。これと同じで、システムについては、達成すべき目的よりも法的な制約のほうが多いと解がなくなってしまう。現実にはいくつかのルールのうち有名無実化していくものがあったり、裁量的にその場その場で運用することで帳尻を合わせるんですけどね。最低賃金に関しても「準備」「片付け」といったよくわからない時間を設けて事実上の時給を下げている。このように制度の裁量的な運用は不公正・不正の温床になります。大企業は規制を無理やり守るために採用を絞らざるをえない、中小・零細企業は守る気もないというか守るだけの経営体力がない、という二部構造が生まれてしまう。これはたいへん不幸なことです。

最低限の所得保障とは、辞めても死なないという状況づくりです。BIで一番低レベルのそれでいて強固なセーフティネットを一枚張って最低限の生活を支える。文化的とはいえないかもしれませんが、路上に落ちるところまではいかないところまでは保障する。それ以上の保障が必要かどうかは、まずは一枚目のネットが出来てからＢＩと整合的なかたちで考えれば良いでしょう。

## 最低賃金は地方では高すぎる

実際、最低賃金については、東京で安すぎるのですが、地方では高すぎるかもしれない。そして都市部では安すぎるが、郡部では高すぎるかもしれない。震災前の東北地方での話ですが、四〇〇〇円で事務員を募集したら応募が殺到したそうです。その地区の場合、ほとんどの人が自宅住まいなので四〇〇〇円でも働きたいという人がいる。最低賃金法でこれを禁止してしまうと、時給七百何十円ほど生産性のない人・地域にとって、収入を得る方法がなくなってしまうんですね。

時給七〇〇円の人は、粗利で一時間あたり一〇〇〇円以上稼いでくれないと話になりません。一〇〇〇円の粗利を生む人は、飲食店であれば少なくとも二〇〇〇円売上げる人ですね。でなければ、雇うと損してしまうわけです。地方でこの生産性は厳しいと思います。最低賃金は最も安い県で六四五円ですから、一八〇〇円くらい売上げないといけません。東京ならこの水準はクリアできるでしょうが、地方郡部ではかなり難しい数値ではないでしょうか。

■ということは、最低賃金を撤廃したら、地方の賃金は五〇〇〜六〇〇円くらいには下がるというわけですね。もし、先ほどの負の所得税の案を導入すると、収入ゼロ円のとき月七万円を給付し、年間所得二四〇万円までの層が給付対象となります。そのうえで月二〇万円・年収二四〇万円を得ようとすると、給付額はゼロ円だから、時給六〇〇円の週五日で単純計算すれば、一日一六時間は働く必要があります。過労死水準を優に超えてしまいます。

　最低賃金が実際に適用されることの多い職種の多くが補助的な収入を得るための就労です。奥さんがパートでというイメージに近い。その意味で地方の勤労者世帯の所得が二〇〇万円になるわけではないという点に注意しなければいけないでしょう。単純にＧＤＰ五〇〇兆円を一・二億人で割ると四〇〇万円強です。勤労者の平均的な所得が中央値でだいたい四〇〇万くらい。平均的な所得水準をみんなに保障することはできません。現在の日本は低所得者の収入は二〇〇万円台になるような経済水準だということです。これをあげるには経済成長しかない。

　日本は先進国のなかでは比較的貧乏な国です。ＯＥＣＤ諸国のなかで、日本よりも一人当たりの国民所得が低い国は韓国や南欧など一部の国だけです。ですから、西ヨーロッパ並みの保障というのは現在のGDP水準では無理なんです。八〇〜九〇年代のイメージで、日本は豊かな国だと勘違いしている人が多い。それは全く間違いで、購買力平価基準でシンガポール・台湾にも抜かれましたし、あと数年で韓国にも抜かれます。

■平均所得が低いということは、賃金が低いということですよね。最低賃金規制がなくなったら、さらに所得が下がるように思えますが。

それは違いますよ。国民所得は賃金と利潤の合計です。国民所得を人数で割ったものが平均所得です。これは僕の主張ではなく「所得の定義」です。利潤を圧縮して賃金をのばしても総所得は変わりませんから平均所得も変わりません。規制がなくなったときの賃金水準以上の賃金を法律で設定しているとすれば、それは失業を生んでいるということです。企業は雇える人しか雇わないわけです。ただ、BIを導入すれば賃金が上がりますよ。だって働きたくなければ働かなくなるわけですから。

## 第二のセーフティネットは、職業訓練か解雇予告手当か

■BIや負の所得税だけではそれなりの生活水準を維持できないなら、やっぱり働かなければ

ならないですよね。そこで規制がなくなったら、労働者が仕事を選べるどころか、ますます企業が労働者の足下を見て有利になって、賃金水準を低くするのではないかと心配しています。どうしてそういう論理になるのか理解できないです。生活水準が保障されるとごく一部に労働意欲を失う人がいるかもしれない。特にそれまで補助的に働く必要があった主婦層などには影響があるでしょう。労働供給が減って賃金が下がるというのは論理的におかしな話です。もっとも地方郡部は賃下げがあり得るかもしれませんね。東京では上がるんじゃないかな。ただし、日本の場合、最低賃金の撤廃と経済成長はあまり関係ないでしょう。サービス残業を勘案すると現時点で中小零細ではあまりまもられていませんから。

もう少し賃金が切り下がっても働きたいという人がいるのに、その人が働けていないことのほうが問題です。七〇〇円の給料だけれども絵に描いた餅で雇われないのと、五〇〇円の給料で雇われるのでは、雇われたほうがいいでしょう。

仮に時給が大幅に下がって五〇〇円になるとして、一日八時間で四〇〇〇円、月二〇日働くとして月八万。ＢＩと合計で一五万円となる。残念ながら今の日本は、時給五〇〇円の生産性しかない人に月二〇万円の暮らしをさせられる国ではありません。それを目指したいのであればば日本はもっと強力に経済成長して、平均所得水準を上げるしかない。そのためには、生産性が上がらなくてはいけない。生産性の究極の源泉は労働者の能力なので、労働者の能力が上がらなくてはいけない。これは短期的にどうこうできる問題ではありません。

■最低賃金で働けない人に雇用保険を使いやすくさせて、最低賃金を地方や産業全体でちゃんと守らせることで、企業が一律に底上げをしていくという方向性もあると思います。また、労働者の能力ということでいうなら、失業者の能力開発をしていくための公的な職業訓練も注目すべきではないでしょうか。失業扶助と職業訓練制度のようなかたちで、「第二のセーフティネット」を設けるというものです。

それに一番近いのが、解雇予告手当を増やし、それをルール化するということです。いまは「退職勧奨」でしか人員整理できない大企業と、事実上解雇時の手当など全く払わない中小企業という二つに分かれてしまっています。制度を整備して大企業にとっては解雇しやすく、中小企業にとっては解雇手当を払わざるを得ないかたちにしていきます。これが第二のセーフティネットになるのではないでしょうか。

ちなみに公的な職業支援制度は本当に難しくて、全然マッチングがうまくいかないのです。公共の職業訓練所をつくるとすると、理事長に年収二〇〇〇万円クラスの官僚、理事数人に年収一二〇〇万円くらいの県庁上がりの人が就いて……。課長に県庁ノンキャリ組が入って、人件費が膨らむだけで提供する訓練内容は時代遅れということになりかねない。全部公的にということになると天下り官僚を食わす団体ができるだけでしょう。だから僕は公共職業訓練所に大反対です。それなら、どこの専門学校でもつかえるクーポンをつくればいい。

■職業訓練の民営化で訓練の質が低下しているという指摘もあります。

それは民営ではないからです。運営を下請けに出しているだけで、その下請け会社は、形式上の要件を満たすことが実績になってしまっている。普通の企業は利潤最大化が目的なので制御が楽ですが、半官半民的な会社は目的関数が違うわけです。どう補助金を受けるかとか、どう次の天下りに高給の職を橋渡しをして自分がもっといい天下り先に移るかとかいうインセンティブで動いている。学校と受験予備校、資格試験の公式スクーリングと資格試験予備校でどちらが（受験合格という目標の達成のみについてですが）良質な講座を提供しているか想像してみて下さい。

## 公共施設ではなく所得保障で公的なセーフティネットを

■介護の民営化である介護保険制度では、過疎地域に進出した企業が、サービスを必要としている人がそこに残っていても、儲からなかったからと撤退してしまうケースもありますよね。

もし、利益が出ないから公営という場合は、その公営も当然利益が出ません。だからその地方に、さらに税金を突っ込むという話になります。ですから、民営化でうまくいかない地域に対応するには二つパターンがあります。そこの介護点数を上げてやる、そこにその分税金を投入するか、または税金で建物をつくるかのどちらかしかないんです。経済原則上、出してくれるお金以上のことをするためには、他の誰かからとってくるしかありません。これを予算制約といいます。

日本の場合、地方ですと客の数そのものがすくないので維持がなかなか難しいんですよね。地方中核市への集住をもっと進めるべきでしょう。田舎に住むことがすごく贅沢なことだというのをそろそろわかってほしい。ドクターヘリだって、一回飛ばすのに何百万かかっているわけです。「生まれ育った土地で暮らしたい」というのはわかりますが、それができるのはなかなかの特権なんです。その特権を維持するためにはなんらかの対価を支払ってもらわないと困る。

少なくとも都市部住民にとって、生まれた場所で一生を過ごすことは全く常識ではありません。僕が生まれ育った家作が今どうなってるのかさえ全然知りません。意に沿わない引っ越しも何回もしましたしね。そもそも実家の家計が破綻状態なので親は僕が引き取って都内で一緒に暮らしています。なぜ「生まれ育った家で過ごす権利」を守られる人と守られない人がいるんでしょう?

地方の問題については、問題は貧富の差だけだと思います。田舎にも都会にも、貧乏な人と金持ちがいる。日本は地方に公共施設を誘導することで地方経済全体を底上げしようとしてきたんですけれど、それをやると地方のお金持ちがウハウハになりますよね。金持ちを都会の貧乏人の税金で支えてもらえるのですから。これをやめて、どこに住んでいるかは無関係に金持ちから低所得者……という所得基準でセーフティネットを張るべきです。

■飯田さんのご提案では、経済成長とBI導入の代わりに、雇用に関する規制は基本的に撤廃ということですよね。ちなみに、これはどの国をモデルとされているのでしょうか。

モデルではなくて理論ですよ。余所の国がやっていないことはダメだというのは何もしないいいわけにしかならないでしょう。強いて言えばスウェーデン・オランダ・デンマークでしょうか。税金は日本よりもはるかに高いですが、そのかわり保障は充実。その一方で規制はゆるい。

福祉は公的に行い、雇用は企業が決める「employment at will」というのが理想形です。たとえば完全な「at will」方式の米国西部ではすごくクビになることが多いかといえばそうではない。実際はいきなり働き始める人より経験が多少あった人のほうがいいですからね。でも、この人は無理だろうという人を辞めさせられたり、会社が左前になったときに潰れる前に人員を整理することができる。福祉水準と解雇規制の両面で、海外の既存例をそのまま受け入れるのではなく、望ましいものに徐々に近づいていくというイメージが良いかと思います。

■スウェーデンも解雇は雇用保護法で規制がありますし、労働組合による交渉が前提とされていますよね。とくに会社と対等に交渉できる産別の労働組合が解雇を規制しています。日本の場合、こうした労働運動や、再就職のための外部労働市場がまだ整備されておらず、スウェーデンと前提も違うので、むしろ国による解雇規制を強化することが必要ではないでしょうか。

僕は全然そうは思いません。法的な規制の強化に合理的な根拠を見いだせないですから。最低限のセーフティネットで、あとは各会社が好きに考えてくれという考え方です。もちろん結果として労働組合が強い会社ができるのもいいし、そうではない会社があるのも良いのではないでしょうか。それは労働者、そして経営者の好みにあわせて個々にデザインされていけばいいことです。

労働者にとって有利な条件をつくり出すには二つ方法があるわけですね。一つは、組合がもっと戦闘的になるという方法です。でも、これはたぶん無理でしょうし、そもそもの経済がガタガタになってしまう。現在の企業は国境を越えて活動をしていますから、雇用が海外に逃げていくだけのことでしょう。

だからこそもう一つの方法——人手不足になることが必要です。そのために目先では何といっても脱デフレと円安です。賃下げは嫌、労働運動の激化は避けたい、でも労働者の権利を向上させたい……ならば答えは脱デフレ・円安です。

ただ、円安だけで景気を上げられるのは一〇年弱です。その間に規制を改革していくこと。規制改革の一番の目玉として、最低限の所得保障をするセーフティネットとしてＢＩがあれば、他の規制を緩めても大丈夫になるのではないでしょうか。そうやってある意味で労働者の権利を長期的に強めていくなかで、規制を改革していきます。

僕はもちろん規制を緩和すべきだと思っていますが、いま始めると、確実に労働者にとって不利な規制緩和になるでしょう。だけど、円安の状況で景気が吹いて人手不足の状況で規制改革を進めると、有利な順番で規制改革が進むことになる。セーフティネットを張って、最低賃金規制をはずして、その最後の最後に解雇ルールということになるでしょうね。

# なぜ「働けない仕組み」を問わないのか

## ――ベーシックインカムと日本の土壌の奇妙な接合

竹信三恵子

## 竹信三恵子

たけのぶ・みえこ
和光大学教授。1953年東京都生まれ。
専門分野は労働問題、女性問題。
著書に『ルポ　賃金差別』
（ちくま新書、2012年）、
『ルポ雇用劣化不況』
（岩波新書、2009年）、
『ワークシェアリングの実像
——雇用の分配か、分断か』
（岩波書店、2002年）など。
2009年に
貧困ジャーナリズム大賞を受賞。

ベーシックインカムが話題になっている。働きたくても仕事がみつからない人や、必死に働いても生活できない人が急速に増えるなかで、すべての個人が無条件で生活に必要な所得を持つという理念が共感を呼ぶのはふしぎではない。しかし、気がかりなのは、この理念が日本社会の土壌と奇妙な接合を起こし、本来の狙いとは異なるものに転化する兆しが出ている点だ。

## 「働けるはず」と「働けないはず」

「ベーシックインカムをぜひ実現してほしい」。今年のメーデーの集会で、障害のある三〇代の男性がそう訴えるのを聞いた。安定した仕事がみつからず、商店の掃除などの半就労的な仕事と障害にかかわる公的手当を組み合わせてなんとか生活しているという。

国際競争を旗印に、日本企業はこの一〇年で急速に派遣やパートなどの非正規労働者を増やし、いまや三人に一人が非正規労働者だ。多くが、法定労働時間の週四〇時間働いても生活できる賃金が稼げず、中には、社会保険はおろか、雇用保険さえない働き方も多い。

それどころか、産業の空洞化のなかで、企業の廃業率は開業率を上回り、雇用の受け皿自体が減っている。にもかかわらず、日本の安全ネットは、「がんばって働けばなんとかなるはず」という高度成長期の状況をいまなお想定し、ごく一部の人を対象にした生活保護くらいしか用意されていない。生活の基礎を保障するさまざまな控除はあっても、控除は賃金を稼げる人にしか適用されない制度だ。ベーシックインカム論は、「がんばって」も生活できない現実と、男性世帯主の完全雇用を前提にした旧来の保障システムとのずれを照らし出す役割を果たしたといえる。

だが同時に、ベーシックインカム論は、別の思わぬ動きも生みつつある。

〇九年、あるシンポジウムの後で、参加していた中年の女性から「ベーシックインカムに賛同してほしい」と言われた。「障害のある子供を抱え、自宅で介護の人生を送ってきたので、外へ出て働くことは無理。自宅でお金にならない介護労働を懸命に担っている自分にも、働けなくても懸命に生きている子供にも、ベーシックインカムがあれば、どれだけ助かることか」という。

だが、女性が介護で外に出られないのは、彼女の介護を支える公的仕組みが不備なせいではないのか。ベーシックインカム以前に、まず公的支援の充実で、外で社会参加しながら賃金も稼げるシステムの要求が、なぜ出てこないのか。女性の社会での発言権の弱さは、女性が家庭の中の労働だけに閉じ込められ、社会に仲間を作ることが難しいことから来ている。言い古された陳腐な男女平等論だと揶揄されようが、これは、女性の現実を見る限り、なお真実だ。そして、その現実は、これほど男女平等がはやされているいまでさえ、特に日本では、いっこうに改善されていない。

ベーシックインカム論によると、従来の福祉は、「働ける人は働け、働けない人は福祉で食べていけばいい」として、「働けるはず」の人が直面する「働けない現実」を認めようとしなかった。そんな「働けない現実」を認め、そうした人々が生きていける賃金を支給する発想が必要だという。だが、日本で起きかけている問題は、働ける仕組みを整えれば働けるはずの人たちまでもが、「働けない現実」を認めてしまい、働ける仕組みづくりから下りようとする動きが、ベーシックインカム論で後押しされているということだ。

「家族を養うために働けるはず」とされ、無理を強いられてきた男性にとっては、働けない現実を認めることは、重要なことかもしれない。しかし、子育てや介護を理由に、「外で働けない存在」とされて家庭での労働に押し込められ、家庭の仕事をこなすために会社をすぐやめるのだから、腰かけ扱いでいいとされ「半人前」の賃金でこき使われることの多かった女性にとっては、「働けないはず」を認めてもらうことより、働ける仕組みを充実させることの方が先決ではないのか。

シングルマザーがいくら働いても食べられないのは、こうした半人前の女性賃金で働くことを強いられ、加えて、専業主婦の妻がいることを前提にした長時間労働を受け入れなければ安定した雇用に就けない企業社会の仕組みが大きい。にもかかわらず、会社の仕組みなど変えられるはずがないと思い込まされてきた女性たちがいま、「ベーシックインカムさえあれば」と、この論にすがりつく。「家事や育児を抱える人や、体力のない人でも働けるように働く仕組みを変えよう」というエネルギーを、ベーシックインカム論の流行が吸い取る作用を引き起こしているのだ。

## お札でもどんどん刷って

埼玉県内で開かれた女性の貧困についての講演会で、女性が働きにくい仕組みが貧困を生むという議論が交わされたことがある。その中でも、一人の女性からこんな質問が出た。「働きにくい仕組みを変えようとかごちゃごちゃ言っていますけど、なぜ働かなくてはいけないのですか。私は専業主婦ですが、夫が労働災害で働けなくなり、労災保険で一家がなんとか暮らしている。女性が働くより、労災保険のような、国からの生活保障を全員に支給し、みながそれで生活していける仕組みをつくればいいのではないでしょうか」。

この女性の周囲には、非正社員や低賃金正社員として死ぬほど働いている人が多く、労災保険で食べている自分たちの方がゆとりのある暮らしをしている。そんなひどい条件でも働かねばならないくらいなら、「働ける仕組みをつくろう」などと言っているひまに、公的な給付でだれもが食べていける仕組みにした方が幸せ、というのである。一種のベーシックインカム論である。

そうした公的給付は税金から出る。女性の言うように、働き方を変えずに給付で解決するとなると、働きたくない人が次々と労働市場から撤退し、働き手が減って税は減る。そうしたら財源はどうするのか、と聞いてみた。女性は、「すでに日本は、ひどい財政赤字なんだから、この際、お札でもなんでもどんどん刷ればいいじゃないですか」と言い放った。

女性の意見を切って捨てきれなかったのは、その意見がある意味、これまでの日本の女性政策に沿ったものだったからだ。先述したように、戦後の日本は、男性に対しては「働けないことを認めない」ことによって女性を扶養させ、女性が外で働きやすい仕組みは整えないことで労働市場への障壁を作り、女性を家庭での無償福祉へ政策的に誘導してきた。その結果、多くの女性にとって、職場は必ずしも魅力的なものではなかった。

こうした構図を、政府はフルに利用してきた。一九七〇年代のオイルショック後の不況で財政難になると、政府はそれまでの「福祉元年」のスローガンを転換し、育児や介護などを女性が家庭内で、無償で負担することによる福祉削減を目指す「日本型福祉社会」へ向かった。財政難のたびに、女性の負担を増やして福祉費用を抑え込むことでやりくりしてきた日本社会は、無償労働力としての女性を扶養させるため、男性には極端な長時間労働を負わせ、その結果、女性はさらに、労働市場への参入が難しくなった。少子化への反省から、ようやく働きながら子育てできる仕組みの重要性に目が向けられ、女性に対する労働市場の参入障壁を低くしようとする動きが政府内で目立ち始めた。しかし、財政難のなかでの福祉削減は、その後も、介護や育児といった女性への家庭内福祉の負担増を迫り続けている。

「働けないことを認めて現金を支給する仕組み」としてのベーシックインカムは、そんな日本の女性たちにとって、「働ける仕組みになんか変えなくても、いまのままのあなたでお金をもらえる道がある」というメッセージに転化しかねない。変革の道具としてのベーシックインカムではなく、現状肯定、変革の免除の道具としてのベーシックインカムである。

## 財政難打開の切り札？

もうひとつ懸念されるのは、財政難のなかで、福祉サービスについての政府の責任を免罪する道具として、ベーシックインカム論が使われつつあることだ。

新党日本の田中康夫代表は同党のホームページで、「ベーシック・インカムがニッポンを救う‼」と題して、その導入の重要性を強調している。ここでは、「ベーシック・インカムは東京集中を解消する」「事業仕分けより抜本的なベーシック・インカム」とうたい、「年齢・性別、職業・地域に関係なく、生まれたばかりの赤ちゃんから、おじいちゃん、おばあちゃんまで、世帯単位でなく個人単位で、すべての国民一人ひとりに月額五万円、年間六〇万円の基礎所得を生涯に亘って支給するベーシック・インカム＝B・I」と述べる。仕事がないから地方に住めなかった人々が、ベーシックインカムの導入で、一家四人で二〇万円の収入が入り、東京を脱出できるというのである。

ここでの計算では、年間六〇万円を日本の人口である一・二七億人に支給すると、七七兆円が必要になるが、自営業者以外の雇用者報酬二六〇兆円に一律三〇％の税をかければ七八兆円の財源ができるとする。さらに、ベーシックインカムの支給によって所得控除を廃止し、年金と生活保護を統合することで、その手続きにかかる公務員の人件費も節約できるとする。公費支給への行政の介入を排し、直接給付にすることで人件費を削減するというのだが、これは、一歩間違えば、公務サービスの廃止となりかねない。

たしかに、生活保護の支給に際しては、厳しい資産調査や窓口での追い返しが知られている。

こんな公務サービスならいらないと思う人も多いだろう。だが、生活保護申請に訪れる人たちに対する公務による支援は重要だ。申請者の状況を聞き、よりよい生活設計の相談に乗っているケースワーカーも、たくさんいる。田中氏の提案のように「人件費削減」が狙いなら、月五万円の現金支給と引き換えに、公的な支援をすべて廃止するということになりかねない。

経済評論家の山崎元氏のベーシックインカム論も似ている。「基本的な考え方として各種の社会保障・社会福祉は、できるだけベーシックインカムに集約し、それ以上に必要な人が利用する保険、年金、各種サービスなどは民間に任せる」「それでも何が残るかは、各種の議論がありそうだが、福祉的制度・行政の大半は無くせるだろう」とし、それがベーシックインカムを支持する大きな理由だとしているのである。

ここで興味深いのは「人には働かなくていい自由があってもいい」というコメントだ。ここでは、「働かざる者食うべからず」という思想を批判し、従来の日本の福祉の過酷さを批判しているように見える。だが同時に、ベーシックインカム論が「気に入った」理由として、「『個人単位』というところと、『働かなくてもいい』というところだ。今日の生き方の多様化を考えると、主として、世帯を単位とする現在の各種の税制や社会保障制度などは、婚姻の形態をはじめとして、個人の生活に不当に介入している。」とも述べている。つまり、「働きたくない者によけいなお節介をして、職業訓練だの職場参加だのにカネを使うな」ということになる。

ライブドア事件の堀江貴文氏もブログで、山崎氏に同感を表明している。堀江氏は、「社会全体の富を増やすのでなく、社会全体の富を食いつぶしている負の労働があるのではないか」「月二〇万円の給料をもらって、実は社会全体は、その労働を作り出すのに月三〇万円のコストをかけている、というような。だったら、ダイレクトに二〇万円渡せば一〇万円はセーブできるんじゃないかと思う。」と述べる。つまり、税金を使って公的就労支援などするくらいなら、一人月八万円（堀江氏は八万円論）渡した方が社会にはトクということで、一定のつかみ金で福祉的支援は廃止ということだ。

共通しているのは、一人に月五〜八万円程度のカネを与えることで黙らせ、公的な福祉による支援や、職業訓練して仕事につかせる公的な努力などは無駄づかいとして削減していく、という政策だ。

ベーシックインカム論は、今の日本社会のなかで、①「働く仕組みを変えるなんてせず、今のままでいればいい」として、職場から排除された人々が職場のあり方そのものを変えようとするエネルギーを削ぐ効果、②もともと駄目な人間に職業訓練など行うのは行政のお節介なので、そんな行政サービスを削減するための黙り賃としての支給、といった役割を担わされてしまっているようだ。

## 連帯の概念簒奪の歴史

そんなつもりはなかった、ベーシックインカムとはもっと崇高な社会連帯の概念のはずだ、と怒る人々もいるかもしれない。そもそも、ベーシックインカムは、基礎的な福祉サービスは満たされ、その上に立って、生存に必要な金銭を差別なく支給することで効果を発揮する。それが小さな政府の先兵のような存在に、いつのまにか転化しつつあるのは、なぜなのか。

背景にあるのが、①根強い行政不信②連帯の欠如③労組などの働く側の支援組織の極端な弱さ④これらが招いた低福祉のつけを、女性という無償労働者に一身に負わせて覆い隠してきた歴史、といった日本の土壌だ。

こんな土壌にいきなりつぎ木されたベーシックインカムは、行政不信と連帯の基盤の欠如によって、「個人にカネを投げ与えて自己責任で身を守れ」というメッセージに転化させられ、公務サービスの削減の道具になろうとしている。さらに、働き手を支える力の弱さのなかで、就労支援など働き手の安全ネットを削ぐ役割も与えられつつある。そして、女性に無償労働を負わせる土壌のなかで、職場の変革などに手を出さなくても家庭でおとなしく性別役割分業に従っていればお金がもらえる、というイデオロギーの役割も果たしつつある。土壌を改良することなく、心地よい概念を消費する形でベーシックインカムにとびついたツケがそこにある。

このように、欧州発の連帯概念が新自由主義的にねじまげられる事態は、日本では何度も繰り返されてきた。「小泉改革」の下、二〇〇〇年前後に急増した失業の解決策として流行したワークシェアリングは、その典型だ。

日本社会では企業ごとに賃金が決まり、企業を超えた働き手の連帯が生まれにくい。企業を超えた賃金とは、労組の支援もない丸裸の状態で、最低賃金すれすれで買いたたかれる非正社員の賃金システムしかない。

同一価値労働同一賃金どころか、同一労働同一賃金を守る仕組みもない、そんな現実に目をつぶって、労使はこぞって、「仕事を分け合って失業を減らすワークシェアで失業の解決を」と叫んだ。その結果、たしかに仕事は分けられた。だが、短時間労働や短期雇用などの仕事分割によって、正社員の半分の賃金で働く不安定なパート労働者や派遣社員は急増した。短時間労働者や有期雇用者に、公正な賃金や均等待遇がない社会だったからだ。

こうして企業は人件費削減を達成し、米国のバブル景気とあいまって、業績は上向いた。だが、その割り戻しを求めるのに必要な組織された労働者は大幅に減り、割り戻しはほとんどなかった。

当時、「パートを増やして雇用を増やした見習うべきワークシェアのモデル」と喧伝されたオランダのパートは、安定した無期雇用社員が大多数の社会を前提とし、これらの働き手の労働時間を短縮して仕事数を増やすパートだった。労働時間による差別を禁止し、パート労働者でも同じ労働なら同じ時給、待遇も均等という原則を確立したうえでの労働分割だったため、賃金も労働時間に比例して支給され、働き手は労働時間を選ぶ権利を保障され、自身の生活向上にも役立てることができた。背景には、企業を超えた働き手の連帯と、政府への信頼があり、さらにその基盤には、強い労組に支えられた働き手が意思決定に参加できる政治風土があった。企業の力が極端に強く、その結果、働き手の側を向かない行政への不信感に満ちた日本社会では、社会的連帯を基盤とするワークシェアは難しい。その理念を本気で実現しようとするなら、同一労働同一賃金や、均等待遇へ向けた地道な制度づくりや、そうした運動を担う主体としての働き手の連携組織の立て直しが必要だったはずだ。しかし、小泉新自由主義の風潮のなかで、そうした意見はほとんど顧みられることはなかった（詳細は拙著『ワークシェアリングの実像――雇用の分配か分断か』岩波書店、二〇〇二年参照）。

## ベーシックインカムを生かすために

新しい美しい概念で、働き手の権利を奪っていく手法は、ワークライフバランス（仕事と生活の両立）という言葉にも見られる。

〇九年末までの労働政策審議会での労働者派遣法改正の審議の場では、経営側委員が「派遣労働はワークライフバランスに役立つ」と、派遣労働の規制強化に反対し続けた。女性が派遣会社に登録して好きなときに仕事を紹介してもらえるから、家事や育児と両立できるから、という意味だが、派遣労働の現場の実態は異なる。育児休業を求めると仕事を紹介してもらえなくなるため、生活がかかっている派遣労働者の女性の多くはそうした制度を申し出ることさえできず、中絶を考えたという人までいる。

派遣先の企業は、好きなときに好きな働き手を選んで雇い、不要になったら派遣会社にその働き手を戻すことができるが、働き手には、そうした自由はほとんどない。あるのは、仕事を失って収入がなくなる自由だけだ。

欧州の派遣は、ドイツでは仕事を失ったら会社が引き取って賃金を保障しながら次の仕事を探す仕組みだし、フランスでは、少なくとも賃金などの待遇は正社員と同等だ。失業の場合の支えも手厚く、そこに仕事を断る自由が生まれる余地ができる。そのいずれもない日本の派遣社員にとって、夫の経済的支えがある働き手以外には「ワークライフバランス」の自由はない。ベーシックインカムも、公的福祉サービスの充実や、ハンディのある人たちも参加できる職場の整備と併せて導入されなければ、本来の機能は果たせない。住宅や教育など、生活の基礎的な費用が公費で賄われる欧州と異なり、日本ではこれらはすべて自前だ。月に八万円や五万円の現金を支給されたとしても、公的就労支援や職業訓練は自分で勝手に、と言われたら、労働市場への復帰は難しく、社会的排除から抜け出すことは今以上に難しくなる。

ベーシックインカム論は、「働けないことを認める」だけでなく、「働けない仕組みを問う」ものとして生かされるべきだ。

日本には、女性など一定の人々を労働市場から排除して無償労働にあたらせるため、長時間労働などの壁を放置する政策があったことを思い出してほしい。日本は、働けないのではなく、働けるのに働ける条件がない人が、多数存在する社会だ。就労政策は、「働けない人にお節介をする」ことではなく、働けなくさせている人々の壁を取り外すことにすぎない。

精神障害の人々の活動拠点として知られる北海道浦河町の「べてるの家」で、参加者に「もっともやりたいこと」を聞いたら、「働いてカネを稼ぐこと」だったという。働いて報酬を受け取ることは、人々に自信を持たせる社会参加の重要な要素だ。ベーシックインカムは、本来、そうした社会的存在としての自信の回復に役立つものだったはずだ。「べてる」の人々が、少しだけ働いて、障害者への給付と併せてなんとか自立を果たしたように、「半福祉半就労」でも「カネを稼ぐ自信」は取り戻せる。こうした場を作るまともな公的サービスの再建と併せてこそ、ベーシックインカムは威力を発揮する。

そうしたベーシックインカムであるためには、「ベーシックインカムに賛成かどうか」で敵味方を決めてはいけない。反対論の中には、ベーシックインカムの新自由主義的な利用に警戒的なだけという立場は少なくない。何のための、どんなベーシックインカムかを問うべきだ。

そして、ベーシックインカムの意義を声高に叫ぶひまがあるなら、社会的連帯のネットワークの強化、公的支援の充実など、ベーシックインカムの基盤となる社会的な仕組みの地道な整備に取り組むべきだ。小泉政権下のワークシェアがそうだったように、土壌の改良なしでは、いい果実は期待できない。「ベーシックインカムってすてき」「そんな制度があったらなあ」と、うっとりしているあいだに、ベーシックインカムの言葉は、どんどん「あちら側」に奪われているのだから。

# ベーシックインカムがもたらす社会的排除と強迫観念

萱野稔人

**萱野稔人**

かやの・としひと
津田塾大学准教授。
1970年愛知県生まれ。
専門は哲学、社会理論。
著書に『新・現代思想講義
——ナショナリズムは悪なのか』
(NHK出版新書、2011年)、
『権力の読みかた——状況と理論』
(青土社、2007年)、
『カネと暴力の系譜学』
(河出書房新社、2006年)、
『国家とはなにか』
(以文社、2005年)など。

## 「労働からの解放」は本当に「解放」なのか

いまではいろんな人がいろんなベーシックインカム（以下、ＢＩ）の話をするようになりましたが、それでいて実は誰もＢＩの話なんてしていません。部分給付というのはそもそもＢＩではないし、ほかの社会保障と併用するというのも同じです。給付金の使用方法を限定したり追跡できるようにしたりするような案もだされていますが、もともと無条件に現金を給付するのがＢＩだったはず。結局、もとのＢＩの構想にはいろんな問題点があるということで、それを改良して議論していたら、議論の中身はＢＩではなくなってしまった、ということです。それをみんながＢＩだと思っているところが、最近のＢＩ議論の危ういところというか、情けないところです。本来、ＢＩというのは、最低限の生活を保障するために政府が基本所得を無条件に一律に給付するという構想のことです。それ以外の「ＢＩ」はＢＩではありません。ですので、ここでは本来のＢＩに限定して話をしたいと思います。

私はＢＩには全面的に反対です。部分的に賛成とか部分的に反対、ということではありません。というのも、私がＢＩに反対するのはその根本の意義にかかわっているからです。

そもそもＢＩのもっとも根本的な意義とはなんでしょうか。それは多くの推進派も述べているように「労働からの解放」です。もし貧困対策が目的であるなら、とくにＢＩである必然性はありませんよね。ＢＩのかかげる無条件給付とは、お金がある人にも、働く能力がものすごくある人にも、誰に対しても最低所得の現金を給付するということです。もし貧困対策が目的であるのなら、そういった人たちに現金を給付する必要はありませんね。個別的な対策をすればいい。ですので、ＢＩの中心的な意義を貧困対策におくことはできない。

つまり、基本所得の無条件給付をかかげている以上、ＢＩの意義は「労働からの解放」という点に求められなくてはならない。要するに「働きたくない人は働かなくてもいい」社会をつくるという点ですね。これこそがＢＩの根幹的な意義であり、他の社会保障と異なる点です。そして私がＢＩの問題だと考えるのもそこです。ＢＩの唱える「労働からの解放」は、はたして本当に「解放」なのでしょうか。

## 労働力が過剰になる成熟社会

いまわれわれは「成熟社会」と呼ばれる社会に直面しています。「成熟社会」という言い方は、私はあまり好きではありませんが、ほかに適当な言い方がありませんので、ここでも使わせてもらいます。成熟社会とは経済が成熟した社会のことです。つまり、市場経済があらゆる領域に拡大してしまったため、もはや市場が新たな需要をなかなか開拓できなくなってしまった社会のことですね。

よく高度経済成長は一度しか起こらないと言われますが、高度経済成長を一度達成してしまうと、基本的な耐久消費財や生活用品が社会にいきわたってしまい、なかなか新規需要を喚起できなくなってしまう。つまり市場が拡大しなくなってしまうんですね。たとえば最近だとデジタル化が新しい需要を喚起するかもしれないと言われていますが、デジタル化そのものは、いままであったアナログ製品をデジタル製品に置き換えるだけですよね。つまりそれは買い替え需要しか喚起できない。だから、テレビや洗濯機がなかった時代にそれが売り出されて新しい市場が開拓されていくこととは、ぜんぜんわけが違う。

あと先進国では都市化と人口増加の時代も終わってしまいました。都市化というのは、要するに人びとが田舎の実家から都会にでてきて独立するということですから、世帯数が増える。世帯数が増えれば、それだけ冷蔵庫なんかの耐久消費財も必要となるから市場も拡大する。しかしたとえば日本では一九七五年にはすでに都市化が完了したという報告がでています。少子高齢化によって人口増加もありません。市場が拡大していく要素がことごとく存在しないんですよ。

だから成熟社会では低成長経済が常態化します。これは言いかえるなら、成熟社会では貨幣によって満たすことのできる欲求は飽和化してしまうということです。貨幣による欲求拡大運動が行き詰まってしまうわけですね。その結果、人びとの欲求はお金では買えないもの、たとえば豊かな人間関係や、社会的な承認、自然との共生といったものに、より向かうことになる。よく、最近の若者はバリバリ働いてイイ車を買うというようなことをしなくなった、なんて言われますが、それは若者たちがたるんでいたり怠けていたりするからではなく、彼らが成熟社会のなかで成長し、その価値観を引き受けているからです。

さらに成熟社会の特徴として重要なのは、労働力が余ってしまう、という点です。需要を掘り起こして市場を拡大できないので、必然的に生産過剰になってしまう。成熟社会というのはつまり生産過剰社会ということです。そして、生産過剰ということは、労働力が余ってしまうということですね。だから成熟社会では、どうしても失業問題が慢性化してしまうんです。

これに追い討ちをかけるのが、新興国の台頭による労働市場のグローバル化です。つまり、もともと先進国にあった生産拠点がコストの安い周辺国に移転されてしまい、その結果、先進国では産業が空洞化し、雇用が減り、不可避的に労働力が余ってしまうんですね。

もちろん、ネグリとハートが『〈帝国〉』のなかでいっているように、知的集約型労働とサービス労働は先進国に残ります。生産拠点は新興国に移転することができても、本社機能は先進国に残りますから。サービス労働も人が相手の仕事なので周辺国に移転するわけにはいかない。ただし、それらの労働が集積するのは都市だけです。地方では生産拠点の移転の影響をもろに受ける。とくに製造業の生産拠点を誘致することで成長してきた地方経済ほど深刻です。実際、地方にはほとんど仕事がなくなってしまいました。

## 経済成長は歴史的な例外だった

先ほど、成熟社会では低成長経済が常態化すると言いました。かつてのように経済のパイがどんどん拡大していくような社会にわれわれはもう生きてはいません。これについては、経済が成長しなくなったらわれわれの社会はどうなってしまうのか、という反論もあるでしょう。しかし、資本主義五〇〇年の歴史からみても、一九世紀と二〇世紀の経済成長というのはものすごい例外なんですよ。人類史的にみれば例外中の例外です。経済学的にも一九世紀までは、経済は成長するものというよりは定常的なものであるというのが常識でした。『諸国民の富』を書いたアダム・スミスですらそうです。化石燃料の大量使用にもとづく工業化が達成され、アメリカのフォード式生産様式が確立されてくるなかではじめて、耐久消費財の新しい市場が開拓され、経済成長が自明であるような社会になったにすぎません。だから、成熟社会になることでわれわれはそれ以前の常識に戻ったのだ、という認識をまずはしたほうがいいと思います。

もちろん成熟社会ではまったく経済が成長しないというわけではありません。しかしそれはあくまでも市場が規模的に拡大していかないという前提のもとでの経済成長でしかなくなる。だから、リフレ派の言うようにいくら量的緩和をしてベースマネーを増やしても、実体経済での成長にはなかなかつながらず、資産価格の上昇にしかならない。つまりバブルですね。成熟社会というのは、もはや金融経済化によってしか資本利潤率を上げにくい社会なんですよ。

それに、現在のように金融経済の規模が実体経済よりもはるかに大きくなって、さらに国際資本の完全移動性が実現してしまうと、ベースマネーをいくら増やしてもインフレすらおこせません。せいぜいかつての円キャリートレードのように金利の高い外国債のところに円資金が流れていってしまうだけです。このかんのグローバル化によって、一国内でインフレを実現できる条件そのものが歴史的になくなってしまったんですね。インフレがすべてを治療する時代は終わってしまったのです。

## ＢＩは新たな社会的排除をうみだす

話がそれてしまいました。とにかく、ＢＩの意義と限界を考えるためには、われわれがいま成熟社会に生きているという認識にたたなくてはいけません。ＢＩ推進の論理からいけば、われわれは成熟社会にいるからこそ、人びとを労働から解放し、働かなくても生きていける社会をつくらなければならない、ということになる。成熟社会は労働力が必然的に余ってしまう社会です。つまり、働こうにも働く場所がない。だったら働かなくても生きていけるような社会保障の制度をつくらなければいけない、というのがＢＩのロジックです。

事実、これまでの社会保障はすべて労働を前提としてつくられています。たとえば生活保護は、どうしても働くことができず、なおかつ身内にも働いて扶養してくれる人がいないという場合にかぎって現金を給付しましょうという制度ですね。失業保険にいたっては、これまで働いていて、今後また労働に復帰するということを完全に前提としている。年金だってそうです。労働をしていた、あるいは労働をしていた人に扶養されていた、ということを前提として組立てられているわけですから。

これに対して、ＢＩは労働と社会保障を分離しようとする。労働力が余り、働く場所がなくなっていく以上、これまでの労働を前提とした社会保障は刷新されなくてはならないのだ、と。そのためには、働いていようが働いていなかろうが生活が保障されるだけの現金を給付するような制度に社会保障を移行させることで、労働と社会保障を切りはなすべきだ、と。これがBIの新しさであり意義とされるものです。

しかし、ここにこそまさしくBIの問題点がある。というのもそれは「働きたいのに仕事がなくて働けない」人たちの問題を解決することができないからです。成熟社会ではどうしても労働力が余ってしまう。つまり、働きたくても仕事がなくて働けない、という人が必然的に大量に生み出されてしまう。そういった、労働市場から排除されてしまう人たちに対して、BIは現金を給付しさえすればいいと考える。しかし、「働きたいのに（仕事がなくて）働けない」人たちが欲しいのはお金ではなく仕事です。もし労働市場から排除された人たちに現金を給付することとしかしないのなら、もちろん彼らの生活は保障されるかもしれませんが、「労働市場からの排除」という状態は固定化されてしまうでしょう。言いかえれば、BIは現金支給と引き換えに、労働をつうじた社会参加の回路を切断することになる。BIは「働きたいのに（仕事がなくて）働けない」という人たちを労働市場の外に放置することで、新たな社会的排除を準備するのです。

成熟社会で余ってしまった労働者たちは、社会的には必要のない存在として位置づけられることになるでしょう。事実、多くの失業者たちが直面しているのは、もちろんお金がないという問題もありますが、同時に「自分は社会的に無能力で不必要な存在かもしれない」というプレッシャーです。そうした人たちに対して、BIは「お金をあげるから、黙っておとなしく労働市場の外にいてくださいよ」というメッセージを結果的にせよ与えることになる。BIは現金を給付することで、社会的排除を助長してしまうんです。

## BIは国家をも労働から解放する

さらに悪いことに、BIによる「労働からの解放」は、雇用や労働に対して国家がもつべき責任を免除することにもなります。事実、BIの推進者は、これまで個別的になされてきた社会保障を一律の現金支給に一本化しろ、といっているわけですからね。要するにこれは、たとえばこれまで失業保険とセットで運用されてきた、再就職のための職業訓練や雇用対策から政府は手を引くべきだ、ということです。そして、それによって浮いたコストをBIの財源にすれば、財源問題も解決されるのだ、と。

こうした主張はたしかに、労働と社会保障を切りはなそうとするBIからすれば一貫しています。働かなくてもいい社会をつくるのなら職業訓練や雇用対策なんて必要なくなりますからね。しかしこれは、結局のところ、雇用や労働に対する責任から政府を解放することにしかならない。現金支給以外のことは政府はなにもしなくてもいい、ということですから。ＢＩによる「労働からの解放」は国家をも労働から解放してしまうんです。

やっかいなのは、こうしたＢＩの主張がパターナリズム批判と一体のものとしてだされていることです。たしかにこれまでの社会保障のなかにはパターナリズムがありました。失業保険のなかに再就職のための活動が含まれているのは、その一つのあらわれです。要するに、政府はお金もだすけど口もだすということですね。生活保護の受給にケースワーカーによる生活調査や生活指導が含まれているのも同じです。ＢＩからすれば、こうした社会保障のあり方は「大きなお世話」であり、政府による人びとの生活への干渉であり、財源のムダである、ということになるのでしょう。

しかしそこでのパターナリズム批判は、そうしたパターナリズムに見えるものがじつはこれまで国家を縛ってきた、ということを完全に見落としてしまっている。つまり、ＢＩによるパターナリズム批判は、「国家は人びとの生活や雇用や労働に責任をもつべきだ」という責任原理を取り払い、国家をフリーハンドにするだけなのです。

## 「働ける自由」をBIは保障しない

ＢＩの推進者たちは、ＢＩの導入によって働かなくても生活が保障されるので、働くか働かないかは個人の自由になると主張します。しかしそうした主張はまったくなりたちません。

すでに述べたように、成熟社会では労働力が過剰になってしまい、「働きたくても仕事がなくて働けない」人がたくさんでてきてしまう。その問題を放置して、ニュートラルに「働くか働かないかはあなたの自由ですよ」ということは欺瞞でしかないでしょう。というのも、それが個人の自由だと言うことができるためには、働きたい人はいつでも働ける社会をつくらなくてはならないからです。働きたい人がいつでも働けるという状況ができてはじめて、働くか働かないかは個人の自由になる。しかし、そのためには政府による雇用対策がどうしても必要になってきます。現金支給よりまえにやるべきことがあるんですね。にもかかわらず、ＢＩの推進者は、現金さえ支給すれば、労働は個人の選択の問題になると考える。相当短絡的な思考です。

もしかしたらここで、政府が雇用対策をしたうえで現金支給するならＢＩの主張する「労働からの解放」は達成されるのではないか、という疑問がだされるかもしれません。しかし、そもそも雇用対策をしたうえで現金支給をするというのは、労働と社会保障を切りはなすＢＩのアイデアに反してしまう。それなら雇用対策と生活保護や失業保険がセットになった現行の枠組みと原理的にはなんら変わらなくなってしまいますから。ＢＩがＢＩである根拠は、あくまでも社会保障におけるパターナリズムを批判し、これまでの社会保障を労働から切りはなすところにあるのです。

ところで、たとえ生活を維持するだけの現金が支給されたとしても、「働きたいのに仕事がなくて働けない」という状況から抜け出したいという人はどうしてもでてきます。そういった人たちは、労働をつうじた社会参加が人生において重要だと思っているわけですよね。労働によってお金を稼ぐことが、自分の尊厳だとか自立だとか社会的承認にとってひじょうに大事だと思っている。もちろん人間の価値観は多様なので、そういった労働をつうじた社会参加をどうでもいいことだと思う人も一定数いるでしょう。だから私も、すべての人にとって労働による社会参加が重要だからＢＩはダメだ、と主張しているのではありません。そうではなく、労働によってお金を稼ぐことが自分の尊厳や自立にとって重要だと思っている人が実際に相当数いて、にもかかわらずそうした「働きたい」人たちでも仕事がなくて働けないような社会構造が生まれつつあるのに、ＢＩはその問題に対して何も対処できないし、しようともしないからダメだ、といっているのです。

## 「労働からの解放」の先にBIは関与できない

こうした批判に対して、おそらくBI推進者からは次のような反論がでてくるでしょう。「賃労働だけが社会参加の方法ではない。趣味の仲間をみつけたり、ボランティア活動をしたり、環境運動をしたりするのも立派な社会参加の方法だ。労働をつうじた社会参加が他のものよりも重要だと考えたり、労働によってお金を稼ぐことがアイデンティティを確立するうえで必要だと考えてしまうのは、近代的な生産至上主義、賃労働中心主義にとらわれているからだ。これに対しBIは、働かなくても生きていける条件をつくることで、賃労働以外のところで社会参加する可能性を広げ、そうした生産至上主義的な価値観を克服するのだ。成熟社会で求められているのは、まさにそうした価値観の転換にほかならない」と。

しかし残念ながらこの反論もなりたちません。

というのもBIは、賃労働以外のところで人びとが社会参加をして豊かな生をおくることができるかどうかには、まったく関与できないからです。BIが関与できるのは、あくまでもお金を給付して「あとは自由にしてください」というところまでです。たとえばBIのもとで最低限の生活を保障された人たちが、賃労働以外のところで豊かな社会関係を構築しようが、あるいは家で酒ばかり飲んだりパチンコばかりしようが、あるいは独居老人のように孤独になろうが、何の職業訓練も受けずにその人が無能力化しようが、BIそのものはまったく関与できません。そうした関与できない部分を、「人びとは賃労働から解放されれば、その時間を豊かな社会生活の構築にむけるはずだ」というように、BIの正当化にもってくることは論理的にできません。そもそも現金を給付された人が何をしようがBIには関係のないことなのですから、それによって賃労働以外の豊かな社会関係が構築できる（かもしれない）ということを、BIの価値のなかに含めることはできないのです。

こうした限界は、BIがパターナリズム批判をかかげる以上、避けられないものです。パターナリズム批判をするということは、人びとの生き方についてとやかくいわないということですよね。だからどれほど堕落した生活を送っていても、あるいはどれほど孤立を深めようとも、それはすべて個人の自己責任ということになる。この点でいうと、同じパターナリズム批判でも新自由主義者のほうがまだ論理的には一貫しています。あくまでも「論理的には」ということですが、新自由主義者たちは国家による干渉を否定すると同時に、人びとがどれほど堕落してても孤立してもそれは個人の自己責任だということを潔く認めるわけですから。これに対し、左派のBI推進論者は、現金給付の先は個人の自由ですよ、といっておきながら、その先で人びとは生を充実させる（はずだ）からＢＩはすばらしい、と主張する。論理的におかしいことを平気でやってしまうんですね。

## ＢＩによってもたらされる強迫観念

さらにいえば、左翼のＢＩ論者ほど「人びとは賃労働から解放されれば、その外で豊かな社会生活を営めるはずだ」という想定に暗に立脚しているわけですが、こうした想定はけっこう恐ろしいですよ。なぜならそれは別の「社会参加強迫観念」をもたらすからです。こうした想定に寄りかかりすぎると、ＢＩは生産中心主義的なパラダイムを克服するどころか、「お金をあげるんだから賃労働以外のところで生を充実させなさい、なぜならそれこそが人間のあるべき姿だから」という別のパターナリズムというか強迫観念をもたらすことになる。パターナリズムを批判する勢力ほどなぜか規範意識を強化してしまうという逆説が生まれてしまうわけですね。これまで左翼は単に思い込みにすぎない理想主義をかかげてはしばしば失敗してきたわけですが、ＢＩもそうした理想主義をかかげて失敗するでしょう。

もちろんだからといって私は、人びとは放っておけばかならず堕落する、ということが言いたいわけではありません。成熟社会では貨幣をつうじて満たされる欲求が飽和化してしまうので、賃労働以外のところで社会参加をし、生を充実させていく可能性を広げていくことはひじょうに重要です。成熟社会では労働力が余ってしまう以上、賃労働の地位を相対化していくことも必要になってくるでしょう。

しかしそれを現金の一律支給による「労働からの解放」で達成できると考えることはできません。低成長社会の現実にいちはやくさらされたヨーロッパ諸国は、もう長いあいだ深刻な失業問題に悩まされてきましたが、そこでは失業保険や生活保護の受給者が、逆に長期の現金給付によって社会的排除の状態に置かれるようになり、現在ではいかに彼らを社会化し、社会のなかに包摂していくか、という課題に直面しています。そうした世界的な経験をまったく無視して、独善的な理想主義に安住することはできません。

## BIでは貧困問題すら解決できない

ついでにいえば、BIでは貧困問題すら解決できません。すでに見たように、BIのもっとも中心的な意義は「労働からの解放」なので、そこからいえば貧困問題の解決は副次的な課題ということになるのですが、その課題すらBIは達成できないのです。よくいわれることですが、社会保障には現物支給と現金支給の二つがあって、現金支給の割合が高い国ほど貧困率が高い。つまり、「子ども手当」のように現金を直接支給するよりも、保育所の無償化や学校教育の無償化のような現物支給をするほうが、貧困率を下げられるんですね。

　理由は簡単です。まず、現金支給ではそのお金がどのようにつかわれるかがわからず、逆にギャンブルやアルコールや麻薬といった、人を貧困化する消費対象に人をむかわせることもあるということ。もちろん全員がそうなるということではありません。しかし現金支給だけだとどうしても人間が「カネのなる木」になってしまい、お金を吸い上げられる機会もそれによって増えやすい。現に、いまでも生活保護や年金を狙った貧困ビジネスがさかんですよね。そうしたビジネスにさらされる機会を現金支給はどうしても増やしてしまうんです。

　これに対して、現物支給であれば、そのサービスを受けることじたいが社会参加につながるし、雇用も生まれる。たんに現金を支給するよりも社会関係の創出に貢献してくれるんですね。しかしBIの構想は、そうした現物支給を現金支給に代えていこうとする。これでは貧困問題を解決できません。逆に貧困問題をさらに深刻化させてしまうかもしれません。

　もちろん私は現金支給をすべてやめろといっているのではありません。現金支給のほうが効果がある場合もありますから。ただBIが主張するように、現金支給ですべてを置き換えることはまったく効果がない。むしろ貧困対策には現金支給の割合をさげて、いかに効果的な現物支給ができるのかを考えたほうがいいのです。

それから貧困問題でいえば、BIは確実に最低賃金の概念を破壊します。働かなくても生活できるだけの現金を一律に支給するということは、生活を維持するだけの賃金を労働によって得る必要がなくなるということですよね。つまり、労働賃金は生活が維持できるだけのレベルに保たれなくてはならない、という最低賃金の根拠をBIは崩してしまうのです。

BI推進者は、BIによって賃金は上昇すると主張しますよね。誰もやりたがらない低賃金の仕事はBIができれば誰もやらなくなるので、必然的に賃金はアップするだろうと。しかしそれも短絡的な発想です。BIのかかげる「労働からの解放」は、逆に労働をさまざまな規制から解放することにしかなりません。それはBI推進者が想定するのとはまったく逆の効果しかもたらさないのです。

## 新しい公共投資で社会参加の場をつくりだせ

要するに、BIをするぐらいの財源があるのなら、政府は公共事業をしたり、職業訓練の場を設けたり、景気対策をしたり、現物支給による社会保障の範囲を広げたりして、雇用や社会参加の場を創出すべきなのです。とりわけ成熟社会では労働力過剰によって「働きたくても仕事がなくて働けない」人たちが大量に生みだされてしまいますので、そうした人たちの労働力を吸収し、社会に包摂していくための社会政策をおこなうことがどうしても必要になる。

もちろん公共事業といっても、これまでの公共事業のままでいいというわけではありません。これまでの公共事業というのは、インフラ整備などによって有効需要を喚起し、経済成長をもたらそうという目的のもとでなされました。しかし、現在のような低成長社会では、公共事業の乗数そのものが限りなくゼロになり、経済成長をめざして公共事業を打っても財政赤字ばかりが膨らんでしまいます。だから、これからの公共事業は、経済成長を目標とするのではなく、社会関係そのものに投資するなど、社会参加の場を創出していくような方向に変えていかなくてはいけません。

現在、介護などのケア労働は、きついわりには賃金などの労働条件が悪く、ひじょうに離職率が高い。しかし市場にまかせているだけでは、今後、ケア労働への需要がさらに増えたとしても、けっしてその労働条件はよくなりません。なぜなら、もともと労働力が余っている社会の状況で、なおかつケア労働を受ける人たちがかならずしもお金をもっているわけではないからです。したがって、ケア労働における労働条件を向上させ、それを一つの産業としてなりたたせていくためには、国家による公共投資がどうしても必要です。

成熟社会では必然的に労働力が余ってしまうので、市場が公共性をつくりだすことがだんだんできなくなっていきます。かといって、市場の外での人びとの発意によって公共性をつくることができるのかといえば、そんなにナイーブなものでもない。ＢＩのアイデアはしかし、政府が基本収入を現金給付すれば人びとは自発的に公共性をつくり、ケア労働にむかうという想定に立つ相当ナイーブな社会構想なのです。

## 資本主義は市場経済とイコールではない

雇用対策のための公共投資などというと、すぐに「労働は市場での競争にさらされるからこそ、個人に尊厳や社会的承認をあたえられる価値をもつのであり、公共事業によって政府が人びとに仕事をあたえても、それはオママゴト以上のものではなく、けっして彼らの尊厳や社会的承認を満たすことにはならない」と主張する人がいます。どうやらそういった人たちは、公共事業といえばすべて穴を掘って埋めるというような、単純でつまらない労働だとイメージしているのでしょう。しかしそれはまったくの無理解です。たとえば宇宙開発だって公共投資によって牽引されているわけですよね。いまは私立学校が増えたとはいえ、政府による財政支出がなければ多くの教員の仕事はなりたちません。市場での競争にさらされなければ労働は社会的承認の源泉にはなりえないというのは皮相な見方です。市場にまかせていてはなりたたないけれど、社会的に必要とされているから価値をもっている労働はたくさんあるからです。

そもそも、公共投資は市場に対して付随的なおまけでしかないという見方は、資本主義経済の仕組みがあまりに分かっていません。それは、資本主義は市場だけでなりたっているという誤った認識のうえにたっている。しかし、国家による財政支出にまったく依存していない産業というものが実際にどれぐらいあるのでしょう。市場主義をもっともつらぬき、国家による市場への規制や干渉をあれほど批判していた金融業界ですら例外ではありません。今回の金融危機では、莫大な公的資金が投資銀行などの金融機関に注入されましたよね。なぜこういうことが起きるのかといえば、市場経済はそもそも市場の外でお金を調達できる存在に依存しなければ存立できないからです。市場はその外部をみずからの存在の条件にしているのです。市場の論理だけではじつは市場はなりたちません。

「市場の外でお金を調達できる存在」というのは、要するに国家のことです。社会のなかで国家だけが、税金というかたちで人びとから強制的に彼らの所有権を無視してお金を徴収できる。それ以外の組織なり個人が同じことをしようとすれば、すべて国家によって罰せられてしまいます。市場の外でお金を調達できるからこそ、国家はいくら借金をしても、あるいは債務不履行で「倒産」したとしても、存在自体がなくなることはないんですね。

市場がなりたつためには、そうした市場の論理とは違うかたちでお金を調達できる存在が不可欠です。市場が機能不全に陥ったとき、国家がいろいろな市場の矛盾を肩代わりすることで、市場の崩壊が食い止められるわけですから。この意味で、市場は国家に内在的に依存している。単に治安管理や法の執行という点で依存しているのではありません。もちろん逆に現代の国家も市場に依存しているところがあるので、両者の関係は相互的です。その相互的な関係が資本主義を形成している。資本主義はけっして市場経済とイコールではありません。非市場的な力によってお金を調達できる、国家の存在をも含んだうえでの経済システムなんです。

結局、国家による公共投資がなくても市場経済はそれ自体で回っていくと――無意識的にせよ――考える点で、ＢＩは資本主義を市場経済に還元してしまう、ありがちな誤謬のうえに立脚しています。ＢＩが考えるのはせいぜい、市場経済から必然的にこぼれ落ちる人がいるから、誰がこぼれ落ちてもいいように一律に現金を支給しよう、というところまでです。しかしそこには資本主義とは何かという認識が決定的に欠けている。市場と国家を対立させてとらえている点で、ＢＩはけっして有効な社会構想にはなりえないのです。

# 「必要」判定排除の危険

## ——ベーシックインカムについてのメモ

後藤道夫

## 後藤道夫

ごとう・みちお
都留文科大学教授。
1947年福島県生まれ。
専門は社会哲学、現代社会論。
著書に『ワーキングプア原論
——大転換と若者』
(花伝社、2011年)、
『戦後思想ヘゲモニーの終焉と
新福祉国家構想』(旬報社、2006年)、
共著に『新自由主義か新福祉国家か
——民主党政権下の日本の行方』
(旬報社、2009年)など。

ベーシックインカム（以下、ＢＩ）の基本的主張は、すべての社会成員（住民）に無条件で一定額の現金を給付するというものである。だが、その中身は相当に多様であり、社会保障全体を小さく簡素なものとするための手段としてＢＩを考える新自由主義的な主張から、ワークフェア型の社会保障改革への反発を原動力とするもの、所得保障を労働から切断することで、労働の資本主義的なあり方そのものを変革する手がかりとしたいというラディカルな主張まで、広い範囲にわたっている。思想的な立場が違う論者たちが、いわば「同床異夢」の議論空間を成立させているのが、ＢＩ論の大きな特徴だろう。

興味深い論点や主張は多数あるのだが（注１）、この小論では、そのなかで、「必要」判定のない現金給付によって、最低生活が可能な所得保障を行うという、所得保障改革案としてのＢＩを中心に検討を加えたい。その際の筆者の関心は、ＢＩが排除すべきだとする「必要」判定という作業が、現在の社会保障諸制度にとってどのような位置をもっており、またどのように論じられるべき対象なのか、という点にある。

## 福祉国家の限界か、福祉国家の不在か？

日本におけるＢＩの代表的論者の一人である小沢修司は、経済グローバリズムが拡大し続ける現状では、安定した雇用・賃金（および性別役割分業を担う家族）に基礎をおいた、福祉国家型の社会保障を原理的に作り替える必要があり、その方向が、ＢＩだと主張する（『職場の人権』第六四号の特集）。

これにたいし、伊田広行は同特集の小沢との対論のなかで、福祉国家の北欧型改良・強化で対応できるとし、生活保護制度の拡充強化、個人単位の社会保障制度への切り替え、生活保護のスティグマとの正面からの思想闘争こそが必要と応じている。

筆者は伊田のこの議論におおむね賛成である。その上で、論点をもう一つ付け加えたい。それは、小沢がその存在自体は自明であって、そこに内在する欠陥が問題であるかのように議論する、福祉国家型社会保障そのものが、日本では極度に脆弱であり、現在の日本の社会的危機の大きな一因は、福祉国家型社会保障の脆弱・不在にあるということである。小沢の議論にはいろいろな留保があるが、大きく見れば、福祉国家の脆弱・不在ではなく、福祉国家の内在的限界が危機の原因という枠組みになっている。こうしたタイプの福祉国家批判は、宮本太郎、岩田正美など、広く分布している議論であり、ＢＩに期待する多くの論者にも共通する面がある。

山森亮は、生活保護の受給にかかわるスティグマと日本の低い捕捉率に強い関心を寄せ、「福祉国家の理念自体に内在的」な労働優先の考え方がその大きな背景だと主張する。ＢＩは労働と所得を切り離すことで、この欠陥を克服できるというのである（『ベーシックインカム入門』二〇〇九年）。

だが、生活保護をふくむ現在の日本の所得保障制度の欠陥は、本当に、「福祉国家の限界」と理解できる性質のものなのだろうか。

日本の生活保護は、老齢年金保険などの拠出型給付ではなく、無拠出型給付であり、受給の際は資力調査と就労能力活用が条件となっている。このタイプの所得保障制度そのものは、福祉国家諸国にも共通のものである。

しかし日本の生活保護制度は、福祉国家諸国とは異なる問題点が数多く指摘されている。たとえば受給抑制の傾向が非常に強く、いったん受給しても就労強制や辞退強制がなされる場合が少なくない。とりわけ、勤労能力をもっているように見える男性がいる世帯は窓口で排除される場合が多い。資産要件は、預貯金が最低生活費の半月分以下でなければならないなど、きわめて厳しい。親族の扶養義務を異常に広く解釈する制度運用がなされるため、受給にともなって親戚づきあいが壊される危険が高いこと等々、枚挙に暇がない（注２）。捕捉率は非常に低いと考えられ、実際に受給を開始する人々の所得水準は、生活保護基準をはるかに下回る極貧状態の場合が多いと推測される（注3）。

資力調査つきの無拠出給付がスティグマを伴いやすいのは各国共通だが、福祉国家諸国では、その改善が官民双方の課題と意識され、改善が進んできた歴史がある。これにたいして、日本では、その改善が社会的課題とされ、政府が本格的に取り組んだことはないと言ってよい。

ではなぜ、日本では福祉国家諸国と異なって、生活保護制度が改善されず、強いスティグマや窓口の受給抑制が続き、政府は低い捕捉率の調査すら長期に行わなかったのか。

日本では、勤労世帯の最低生活保障が社会保障としてはほとんど存在せず、経済成長と雇用増大・賃金上昇、および、日本型雇用という特殊な雇用慣行がその代わりとなってきた。社会保障は勤労能力を一時的・恒久的に喪失した人々が主な対象であり、勤労世帯は〈賃金と社会保障〉で生活する、という福祉国家型の常識は不在あるいはきわめて脆弱である。勤労能力のある男性がいる世帯が、生活保護からほぼ自動的に排除されてきたのは、こうした大きな枠組みが強力に維持されてきたことの現れである。

これでは、経済状況が悪化すると、生活保護基準以下の収入のワーキングプアが直ちに増加するのは当然であり、実際に、長期にわたって少なくとも数％程度、現在では二〇％程度の世帯は、ワーキングプア状態である。周知のように、日本政府はワーキングプアの存在を放置し続けてきた。ワーキングプアの存在を放置し続ける国家は、福祉国家型の生活保障をそなえた国家とは言い難い。

非勤労世帯についても、その生活保護受給にスティグマを与え続け、権利としての受給を強く抑制する制度と運用が維持されてきたが、これは、ワーキングプア放置との「バランス」を保つためと考えてよい。

それは、ワーキングプア世帯が数多く存在しかつ放置されている一方で、多くの非勤労被保護世帯が保護基準での生活を権利として保障されることがあれば、ワーキングプア世帯の不満を噴出させ、社会秩序の危機につながりかねないからである。生活保護受給を強く制限し、受給者は多くの条件をかかえた特別の存在だという、スティグマを含んだいびつな認識を広めることで、この「バランス」は保たれるのである。

では、勤労者の最低生活保障はどのように脆弱なのか。簡単に見ておこう。

①最低賃金は、主婦パートを中心とする非正規の賃金を規制するものとみなされ、労働者一人分の最低生計費に到達する必要を認められてこなかった。主婦パートの賃金が家計補助である場合が多く、日本型雇用では男性世帯主に家族賃金を支払うことが社会規範となっていたからである。

②社会保険による所得保障はきわめて脆弱である。

a．雇用保険求職者給付の受給者が失業者に占める割合は長期に下がり続け、現在では二割前後にすぎない。二〇〇三年以降は一年以上失業者の割合が三割をこえることが多い状態にもかかわらず、求職者基本給付の平均受給期間は四・〇ヶ月、平均受給金額は一二・一万円（月額）にすぎない。

b．また、傷病手当は、国民健康保険（加入者は国民のほぼ四割）には存在しない。国民健康保険の有業世帯主の過半数は賃金労働者である。つまり、非正規あるいは小零細企業労働者の少なからぬ部分には、傷病時の所得保障がない。

③児童手当など家族給付が脆弱であり、さらに、生活保護を除き、補足所得保障型の制度が存在しない。

④単身労働者の場合でも、所得額が、生活保護による最低生活費＞通常の賃金収入額＞　社会保険による所得保障額という、社会常識として受け入れにくい順序になる場合が容易に生ずる。

さらに、①と③の影響で、複数人数世帯とりわけ子育て世帯では、賃金収入、社会保険給付が、いっそう容易に、生活保護基準を下回る。なお、近年では失業の増加にくわえて、低所得男性正規労働者の比率が急増しているため、この傾向には拍車がかかっている。

結局、所得保障の諸制度が弱すぎて、生活保護制度がそのなかで突出した位置をもたざるをえず、いわば制度的加重負担状態におかれている。保障額の面でそれらの相互関係がバランスを欠く最大の背景は賃金の過少であり、ついで社会保険による所得保障の脆弱、および家族関連所得保障の脆弱である。

ＢＩ論者は、日本についても福祉国家の限界を言うが、見てきたように、こうした構造はむしろ非福祉国家的であり、生活保護制度がかかえる多くの欠陥、矛盾は、そうした背景が凝縮したものと見なすべきだろう。

## ＢＩは現行の所得保障制度を代替できるのか

ＢＩの議論では、給付額の想定水準によるが、基本としては、現在の社会保障制度中の現金給付部分をＢＩに置き換えることが主張されている。つまり、ＢＩがすべての住民の最低所得を保障するのと引き替えに、子ども手当、児童扶養手当、育児休業給付、雇用保険の求職者給付、健康保険による傷病手当・出産手当、老齢年金（あるいは国民基礎年金）、障害者年金、遺族年金、生活保護などは廃止されることになる。

では、どの程度のBI給付額で、どのくらいの範囲の現金給付制度が代替されると考えられているのだろうか。

小沢修司は、二〇〇五年の社会保障給付費を例にとり、総額約八八兆円のうち五一・五兆円が現金給付だが、そのうちBIに代替される部分が約五〇兆円という前提で財源計算を試みている。ごく一部を除き現金給付のほぼ全部がBIによって不要となるという想定だが、その際のBI給付額は八万円である（注4）。つまり、小沢の場合は、すべての住民に八万円を保障することで、その他の所得保障制度がほぼ廃止できる、という判断と考えてよい。この判断は現実的なものだろうか。生活保護制度の「最低生活費」を例にとって、八万円の所得保障に一本化することの意味を考えてみよう。すでにふれたように、生活保護制度は多くの問題をかかえているが、そうした状態と裏腹に、日本の所得保障制度のなかで最後のよりどころとしての位置をもっており、そこで積み上げられてきた所得保障の実際の姿は、無視できない重みをもっているからである。

生活保護における「最低生活費」は福祉事務所が世帯ごとに計算するもので、その算定には、生活扶助、住宅扶助、教育扶助、高校修学費、一時扶助が含まれ、さらに世帯構成に応じた加算がなされている。

この「最低生活費」の世帯員一人当たりの額は、地域区分と世帯人数によって、広い範囲に分布している。二〇〇七年被保護者全国一斉調査をもとに試算すると、大都市部の一人世帯の平均が一一万二〇〇〇円であるのにたいし、もっとも金額が低い「三級地―二」で五人世帯をとると、その世帯員一人分の平均は四万六〇〇〇円である。世帯構成や持ち家の有無をくわえると、さらに差は拡大する。たとえば、東京都内に住む単身、借家の一八歳の場合、住宅扶助の特別基準上限額を用いた最低生活費は一四万円である。

八万円のBI給付で生保が廃止されてしまったら、相当数の被保護者が直ちに生活不能となることは明らかだと思われる。先の小沢の判断は非現実的と考えざるをえない。

なお、小沢の場合、そうした批判を考慮して、上述の文章の注記では、BIにくわえて「個々のニーズを反映した生活扶助システム」を考えるという発言がなされている。だが、その内容についての言及はない。

では、どの程度の水準ならば所得保障諸制度のBIによる代替が可能なのか。現行の生活保護制度による一人当たり「最低生活費」の最高額がBI給付額として設定されるならば、理論的には、多くの所得保障制度はBIによって代替できるはずであろう。だが、そのようなことが真剣に想定されているとは考えられない。したがって、相当数の住民にとって、BIは最低生活可能な所得を部分的に保障するにとどまるだろう。そうだとすれば、ＢＩをふくめた重層的な所得保障制度が考えられて当然である。

ＢＩによって現在の所得保障制度の大半を置き換えるというのならば、その置き換えによって新たな困窮者が生じないよう、ＢＩを補足する諸制度とセットにした検討が必要なはずであり、むしろ、そうした検討とその結果の提示こそが、ＢＩ論の本論――注記ではなく――をなさなければおかしいのではないか。だが、どうも、ＢＩ論者は、そうしたところに関心が薄いようで、置き換えによって何を原理的に転換できるのかを示すのに急である。

これは政策論としては大きな欠陥であろう。だがこのことを逆にみれば、ＢＩはそもそも、所得保障の現状を実際に改善する政策論として提起されているわけではない、ということかもしれない。

実際、齊藤拓などは、ＢＩ論の規範性を強調して、政策的なＢＩ擁護論は常に敗北すると言い、議論が起きることそのものに期待をかける（注5）。他方、小沢は、ＢＩが荒唐無稽な空論ではないことを、財源計算を示して説得しようするが、所得保障政策論としての実は薄い。同じ欠陥の表れと思われるが、一般にＢＩ論者は、「ＢＩがすべての住民の最低生活を保障する水準となる」という、きわめて強い仮定のもとに、既存の所得保障諸制度の廃止だけでなく、所得税率の定率化（小沢、山森）や、最低賃金や労働規制の廃止（齊藤拓）、さらにはサービスの現物給付の領域のＢＩによる代替（堀江）などを主張する。論者によって改革構想そのものはさまざまだが、この強い仮定が現実のものとならないうちに、そうした制度改革が開始されることの不合理は（注６）、おそらく多くのＢＩ論者も、正面から理論的に否定はしないだろう。だが、実際にＢＩの発想が部分的に実行される際には、そうした不合理が現実のものとなる危険は小さくない。

福祉国家型の生活保障ができていない日本では、ＢＩ論がとりわけ「ユートピア性」をもった「同床異夢」の議論空間となりやすいが、その議論空間は、権力者が「良いとこ取り」をしやすい場なのである。

## 「必要」という基準の排除の危険

ついで、ＢＩが「無条件」の給付であるという点を少し原理的に考えてみたい。「無条件」とは、それぞれの「必要」を判定して社会保障給付を行う方法をとらない、ということである。実は、こうした主張は、福祉国家の限界というとらえ方に密接に結びついたもので、ＢＩ論者のみではなく、新自由主義者から宮本太郎など福祉国家右派とでもよべるであろう論者にも、ニュアンスの差はあれ共通したものである。

周知のように、現行の所得保障諸制度の給付や保障は「無条件」ではない。BIにおける「無条件」は、①現金給付の「必要」についてのチェックがなく、②「資力調査」（所得調査and/or資産調査）もなく、③無業の場合、労働年齢であれば就業する意欲があるかどうかのチェック（「労働テスト」）もなく、④これまでの社会保険料支払い（仮に「保険資格」とよぶ）などについてのチェックもない、ことを意味する。

比較のために既存の雇用保険の求職者給付を例に取ると、求職者給付の受給は、①「必要」については、「離職票」の確認によって賃金収入の途絶を条件とし、③「労働テスト」では、求職中でかつすぐに仕事に就くことができる、という要件を課し、④「保険資格」については雇用保険加入者で受給資格を満たしている場合、に可能となる。給付額と給付期間は、年齢、被保険者期間、離職理由の三つの要素の組み合わせによって変わる。

また、「子ども手当」の場合は、「必要」は対象者の年齢で判定され、資力調査、労働テスト、保険資格は無関係となる。

大事なことは、所得保障制度のすべてにおいて、重層的なチェックもふくめ、何らかの「必要」の判定がなされているということである。年齢による判定、資力調査による判定、障がいの有無、賃金収入の途絶、片親による子育の不利、等々。

生活保護制度だけではなく、それぞれの所得保障制度の「必要」判定のあり方、資力調査、保険資格、労働テストの有無とその課し方、所得保障額の水準やその決め方などをめぐって、多くの問題が山積していることは言うまでもない。見たように、日本の社会保険による所得保障はきわめて脆弱で「穴だらけ」なのである。

BIは、既存の所得保障諸制度のこうした欠陥を改善する方策として提唱されるが、その際、諸欠陥を改善できるのは、BIが「無条件」の給付であって、「必要」判定による所得保障というやり方そのものを排するからだ、という点が強調される。言い換えれば、制度ごとの必要判定方式や資力調査、労働テストなどのあり方の改善ではなく、「子ども手当」が所得制限をしないというような、制度ごとに普遍主義的要素を拡大するといった改善でもなく、社会保険の欠落部分の修正といった改善でもなく、そもそも所得保障に当たって「必要」を考慮しない、というきわめて大きな政策理念上の飛躍がBI論の中心的主張なのである。

最低保障年金や子ども手当がBIの事例とされることが少なくない。しかし、これらの制度は、年齢という重要な「必要」判定要件をともなっている。本来はこうした要件そのものを排するところにBIのBIたる所以があるはずであり、実際、最低保障年金や子ども手当がBI

の一部に数え入れられている場合も、それは、所得保障一般がＢＩに還元される状態への過渡として位置づけられるという理由によっている。

ちなみに、現金や社会サービスの給付にかかわる「普遍主義」という概念は、「必要」判定をともなっていても、個別的な所得調査、資産調査を条件としないやり方をさすと解するのが適切であろう（注７）。

たとえば、現在の公的保育は、「保育に欠ける」かどうかという形で「必要」判定が行われるが、保育サービスの給付そのものは所得と無関係に行われ、その点で普遍主義的である。公的保育の保育料は所得に応じているが、これは保育サービスの給付が行われるかどうかとは無関係である。

また、子ども手当は年齢で「必要」判定を行うが、子どもの基礎的養育費用は社会が負担すべきだという考えに基づけば、普遍主義による給付が当然となる。逆に、基礎的養育費用も本来は親責任とされれば、給付に所得調査等があって不思議はない。

公的扶助は、「必要」判定が所得調査等と重なるが、これは、自分の責任で生活を維持すべきで、それができない例外的な場合を助ける、という考え方に基づいているからである。それでも、所得調査等の要件の設定の仕方や調査方法そのものの改革で、「例外」の範囲が大きく広がれば、同じ制限主義でも、「普遍主義」との距離は小さくなる。自己申告のみで「必要」を判定し、所得調査等を別に行わない、というやり方もまったく考えられないわけではない。

なお、高所得者が普遍主義的給付の対象となっても、所得に応じた税、社会保険料の拠出がなされていれば、負担と給付の全体的バランスはとれる。

ところで、「必要」という要件そのものを原理的に外せば、必要の質と量による区分がなされず、給付の対象が「すべての住民」となるのは理の当然である。また、所得保障が「必要」である理由、条件、背景をはじめから考慮しなければ、働き盛りの人間でも、子供でも、高齢者でも、傷病者・障がい者でも、失業者でも、母子・父子世帯の成員であっても、一律の給付額となるのは自然なことである。さらに、BIは世帯ではなく個人が給付対象といわれるが、これも、「所得保障」が必要である理由、条件、背景のもっとも大きなものの一つである世帯状況を配慮する理由がないためであろう。

だが、「必要」を考慮しない所得保障への理念的飛躍は、三つの点で、最低生活の保障という社会保障の大目的そのものをおびやかす。

第一に、「必要」判定の一般的排除とともに、最低生活が可能な所得保障の額を決定する根拠がおびやかされる。給付額を決定する根拠は薄弱となり、給付額は政治的に変動しやすいものとなる。そもそも、それぞれ条件・環境が違う諸個人の最低限度の生活を可能とするはずの所得保障を「定額」の給付として行う、ということは原理的に可能なのか。生活保護に関してふれたように、理論的にありうるのは、きわめて大きな幅をもつであろう諸個人の最低生活費の最大値がその定額となる、というケースである。だが、このようなことが真面目に考えられているとは思えない。「必要」の中身、つまり、属性や条件などを、すべて考慮の外に置かれた個人の最低生活費という概念そのものに無理があろう。

「必要」の判定を排除した給付額は、きわめて大雑把な決まり方となるほかはない。BIの予算総額が巨大になるという事情も重なり、BI給付額は、行政的「積み上げ」を基礎としない政治的決定の対象となろう。もとより、すべての社会保障制度は政治的決定の対象である。だが、それぞれの制度が「必要」の判定を行政的に積み上げ、それを基礎資料とした政治的決定が行われるのか否かは、大きな違いである。

そもそも、社会保障や教育の領域で、「必要」を算定した行政的積み上げを敵視し、直接の政治的裁量に多くを委ねるのは、福祉国家を縮小・解体しようとする新自由主義政治の基本的手法の一つである。

第二に、現在の諸制度によって所得保障をなされているのは、なんらかの種類の「必要」を認定された人々であり、給付総額もそれに対応したものだが、ＢＩの給付対象はすべての住民となるため、給付総額は飛躍的に増える。先の小沢の計算でも、二〇〇五年の社会保障の現金給付総額が五一・五兆円であるのにたいし、八万円を給付した場合のＢＩ給付総額は一一五兆円とされていた。八万円という額では、補足的な他の所得保障制度がさらに必要となるのだが、それでもこの規模である。想定額が大きいため、仮に実現するとすれば、その規模を縮小しながら、同時にＢＩと抱き合わせで、所得税率のさらなるフラット化、社会保障全般の公的責任後退、社会サービス現物給付の大幅な縮小などが押しつけられる可能性が高くなる。

第三に、「必要」判定の排除という考え方は、社会サービスの領域に適用されると、「必要」に基づく現物給付そのものを後退させる役割をはたすと思われる。

現在、教育・社会保障（医療をふくむ）の領域における社会サービス現物給付の制度的縮小と補助現金給付への還元の圧力は、きわめて強い。「必要」を判定しながら、それに応じた施策を講ずる公的責任が重視されなければならないのは、現金給付も社会サービス現物給付も同じである。「必要」の判定と積み上げそのものの排除を理想とする発想方法では、社会サービスの領域でも、公的責任後退と闘うのは困難となろう。

## 社会サービス領域における給付方式の争点

社会サービス領域における現物給付方式と補助現金給付方式の違い、およびそれに対応する「必要」判定問題の争点を簡単に紹介しておきたい。

現行の医療制度では、クライアントの訴えと症状を現場担当者（医者）が判断して必要な医療給付サービスの質と量を決めている。この場合、多くを支払った者が多くの医療サービスを受ける、という商品売買の論理は通用せず、医師が必要と判断した医療サービスが現物給付されるのである。必要判定が、あらかじめの上限設定なしに、現場担当者によって行われる点が重要である。

なお、医師法では、正当な理由がない場合の医師の診療拒否は認められていない。これも医療サービスが商品としてあつかわれていないことの現れである。

介護保険制度は、医療と異なり「必要に基づく現物給付」は行われていない。給付はサービス現物給付ではなく、商品としての介護サービスを購買する際の利用者補助の現金給付である。現金給付の上限ははじめから決められており、介護保険の「必要」判定（要介護度判定）は、その枠内での給付ランク付けにすぎない。この判定はクライアントの側の必要認識と一致しない場合が少なくなく、また、現場のケア担当者の判断からも独立している。相当に問題のある「必要」判定と言ってよいだろう。判定された現金給付で不足する場合、全額自己負担で追加の介護を買うほかはない。結局、介護保険制度では、クライアントの「必要」に基づくサービス給付という性格が薄められており、その分、その支払い能力に応じたサービス給付、という要素が大きな位置を占めているのである。

障害者自立支援法も、利用者補助の現金が税から支払われる点が違うだけで、他はほぼ介護保険と同様である。詳細は他にゆだねるが、この二つの制度が、クライアント、ケアワーカー、およびサービスを提供する事業所に、きわめて多くの困難を押しつけてきたことを重視すべきである。

公的保育の領域は、医療と同様、「必要に基づくサービス現物給付」で作られている。「必要」判定は「保育に欠ける」という要件の判定として行われ、その必要を認められた子にたいしては、自治体は「保育実施」義務を負っている。保育サービスは商品ではないため、仮に保育料の滞納があっても、子供に退所を命ずることはできない。これと違って障害者自立支援法では、親が代金を支払えない重度心身障がい児に、養護施設からの退所措置をとることができる。現在の保育は、医療と同様に、介護保険や障害者自立支援法とはまったく違う原理で構成されているのである。

現在、保育を介護保険型に転換させようとする動きが急である。保育が転換すると、次は、本丸である医療の介護保険型への転換が進められることが予想できる。そうした転換が実現すると、いずれの領域でも、クライアントの支払い能力に応じて商品としてのサービスを買う、という面が強くなり、必要に基づくサービス現物給付という性格は後景に退くだろう。そうした転換を許すかどうかは、現在のさしせまった争点と言ってよい。

ＢＩを主張する論者の少なからぬ部分は、社会サービス現物給付の縮小に反対しているが、彼らが主張する、「必要」判定一般の排除という考え方は、「必要」に基礎を置く社会サービス現物給付という福祉国家型の社会サービス施策を縮小して、一定の金銭的保障によって市場が提供するサービス諸商品の選択可能体制に重点を移すという、新自由主義的な改革に親和的なのである。

なお、「必要」に基礎を置く福祉国家型の社会保障施策の縮小と市場・準市場型福祉の拡大という主張は、新自由主義者のものであると同時に、ＢＩの「無条件」給付と方向性が逆の「アクティベーション」を主張する宮本太郎などの議論まで、幅広く分布している。たとえば、宮本は次のように言う。

「所得再分配が福祉国家の主要な課題と見なされているときには、中央政府が所得保障の全国的水準を決定することは合理性があった。これにたいして、社会的包摂に向けたニーズは、少なくとも、行政や専門家が上から決定することが困難である」。

「福祉の制度はニーズ決定型から転じてニーズ表出型とでもいうべき性格を強める」（注8）。ここで言う「ニーズ表出型」の福祉制度とは、簡単にいえば、中間層の多様な生活要求に答えると想定された市場的・準市場的な福祉サービス供与システムをさしており、介護保険制度もその一例として肯定的に引用されている。「ニーズ表出型」福祉を促進するものとしては、公的負担による、サービス購入への補助金やバウチャーなどが想定されており、ＢＩの「必要」判定を排除した定額給付と共通する方向性が見て取れよう。

なお、ここで、英語のニーズという言葉に着目しておきたい。ニーズという言葉は、今日・明日の空腹を満たす必要と、自家用ヨットを持ちたいという要求とのどちらをも含んでいる。だが、社会保障施策上で、この二つの間に本質的な差異を認めない議論があるとすれば、それは異常なものとなるだろう。ニーズを「要求」と訳したところで、要求にもさまざまなレベルがある、という議論となり、言葉の選択だけで問題がかたづくわけではない。だが、空腹を満たす必要とヨットを持ちたいという要求の違いを認めなければ、最低生活保障という課題そのものがきわめて抽象的なものとなることは明らかだと思われる。新自由主義は、この二つの間に基本的な差異を認めない。

社会保障における「必要」の判定は、この二つの間に本質的な差違があり、ヨットを持ちたいという要求は社会保障の問題としては排除されるべきだ、という考え方を前提したものである。「ニーズ表出型」福祉という主張も、「必要」判定の一般的排除という考え方も、ともに、この本質的な差違をアイマイ化する危険性をもっている。

## 「必要」の個別化・多様化

市場あるいは準市場に期待を寄せる主張とは反対に、クライアントの「必要」に積極的に応じて社会サービスが現物給付されると、その個別性、多様性は大きく拡大されることとなろう。障がい者教育を例にとると、障がい児は「特別のニーズ」をもった存在ととらえられ、その一人一人の「教育ニーズ」を把握して教育プログラムを組むという「特別支援教育」が行われている。

だが、個別性を重視した、このような考え方や対応が求められているのは、障がい者や高齢者だけではなく、また、教育や福祉の領域に限られるわけでもない。現代社会では、一人一人の社会成員が多様かつ個別的な社会サービスやケアを受けながら生活するように、文明レベルでのロングレインジの変化が起きているからである。

その背景の一つは、社会構造が巨大化・複雑化し、社会変動の速度が上昇し、営業・雇用の不安定性はいっそうの増大をみせている一方で、さまざまな形で残存していた共同的な人間関係は急速度で解体しつつあることだろう。なんらかのトラブルをかかえた際、必要な各社会領域の諸情報収集やそれらを相互に関係づけての解決の方向付けの作業は、一人一人に即した、より個別的なものとならざるをえなくなってきた。

もう一つの背景は、個々人の資質の差異、個別な発達の仕方の違い、蓄積された環境の違い、個性の違いなどからくる多様性に即して、必要な諸情報を獲得し・ケアを受け・支援され・行動する「権利」について、社会的な認識と個々人の自覚が進んだ、ということである。その水準は数十年前とは大きくことなるものとなった。

ところで、すべての人間に保障されるべき個別的支援は、一定の現金を保障して後は市場で提供される情報やサービスを買え、という形で実現できるものではない。個別的支援の要点は、クライアントの実情にていねいによりそいながら、複雑に分節化した各社会領域ごとの必要情報を収集し、それらをつきあわせ、相互に関連づけて、総合的な解決方向を示すことである。

クライアントの選択の自由は、そうした総合的な解決案の作成過程に即して、つまり、支援チームとの十分な話し合いに即して保障されるべきだろう。

「年越し派遣村」と翌年の「公設派遣村」では、各領域の専門家が一堂に会して相談を受ける「ワンストップサービス」の決定的重要性が鮮明に浮かび上がった。これは重要な教訓的事例である。

また、学校から職業への移行につまずいている若者に必要な支援は、所得保障、住宅、職業相談、職業訓練、就職先のあっせん、各種人間関係トラブルへのアドバイス、社会的な居場所の確保など、多方面にわたらなければならない。福祉国家諸国のユースケアがこうした機能を備えはじめているのは当然のことであり、失業関係と職業訓練関係の財政が大きなものとなったのも必然的なのである。

学校教育で困難をかかえる子にたいする問題の発見とそれへの対処は、多くの場合、教師個人と管理職のレベルで行われているが、実際には、専門家が加わった集団的なケースカンファランスが必要な場合が多いはずだ。さらに、現代では、子育て世帯の貧困が急激に拡大しているため、子育て世帯のさまざまな困難が子に与えるマイナスの影響を緩和するためには、各種の制度を用いた生活支援や労働トラブル解決への情報提供など、多面的な支援ができる体制が必要である。

高齢者介護も同様である。長い、それぞれ個性的な人生を生きてきた高齢者の「必要」は、きわめて多様で個別的であり、その必要に応えるためには、さまざまな社会領域の情報とそれらを相互に関連づけた総合的なケア施策が、一人一人に要求されるはずであろう。

公的・社会的に制度化された情報提供、相談、アドバイス、法律的バックアップ、交渉等の援助などの領域も拡大している。いろいろな領域にまたがって個別的に行われる、各種ケア・個別支援が可能な、奥の深い生活保障システムの構築が問題となろう。これは、「必要」の複雑化、個別化に即した対応である。

こうした個別支援は、一人一人の生活に深く関係をもつがゆえに、国家と自治体による公的責任に裏打ちされたものでなければならず、同時に柔軟性の高い、社会全体の資源を有効活用できるものでなければならないだろう。これは福祉国家型社会保障のヴァージョン・アップとして実現されるべきものである。ＢＩ論に見られる「必要」判定の排除という発想では、こうした時代要請に応えることは困難だろう。

注1■人間活動全般についての、「労働」と「非労働」の資本主義区分そのものを変える手段という論点は魅力的である。また、「雇用レント」説をふくめ、ヨーロッパのBI論の基礎には、高失業社会の受容と、労働市場における一〜三割の下層の雇用をまともなものへと改良・上昇させることへの社会的断念とでもいうべき趨勢があるように見える。資本主義の歴史段階認識としても興味深い。

注2■たとえば、日本弁護士連合会の生活保護制度改革案を参照されたい。

注3■後藤道夫「構造改革が生んだ貧困と新しい福祉国家の構想」渡辺・二宮・岡田・後藤共著『新自由主義か福祉国家か　民主党政権下の日本の行方』旬報社、二〇〇九年、Iの（1）の①を参照されたい。

注4■小沢修司「日本におけるベーシック・インカムにいたる道」武川正吾編著『シリーズ・新しい社会政策の課題と挑戦　第三巻　シティズンシップとベーシック・インカムの可能性』法律文化社、二〇〇八年、第八章。

注5■齊藤拓「ベーシックインカム（BＩ）論者から見た日本の『格差社会』言説」『社会政策研究　8』東信堂、二〇〇八年。

注6■立岩真也の的確な指摘がある。立岩真也＋齊藤拓『ベーシックインカム　分配する最小国家の可能性』青土社、二〇一〇年、第一章。

注7■平岡公一『イギリスの社会福祉と政策研究』第一〇章を参照されたい。

注8■宮本太郎「ポスト福祉国家のガバナンス」『思想』二〇〇六年三月号。

# 物象化と権力、そして正当性

## ――市場・貨幣・ベーシックインカムをめぐって

佐々木隆治

## 佐々木隆治

ささき・りゅうじ
千葉商科大学非常勤講師。
1974年愛知県生まれ。
著書に『マルクスの物象化論——
資本主義批判としての素材の思想』
(社会評論社、2011年)、
共著に『西洋哲学の軌跡——
デカルトからネグリまで』(晃洋書房、
2012年)、『マルクスの構想力
——疎外論の射程』
(社会評論社、2010年)、
『若者と貧困』(明石書店、2009年)。

## はじめに

先進資本主義国において若者の失業が慢性化して久しい。いっけん失業率がそれほど高くないようにみえる日本も例外ではない。派遣やパートなどの非正規労働者が増加し、「ブラック企業」が蔓延するなど、雇用の質の低下は明らかである。

このように雇用状況が深刻さを増すなか、「ベーシックインカム」（以下、ＢＩ）が主張されるようになってきた。もはや雇用によって生活の安定を実現することはできないのだから、無条件で生活に必要な貨幣を支給し、所得と労働を切り離すべきだ、という発想である。行政の効率化を志向する新自由主義的な論者だけではなく、福祉国家のワークフェア的な政策に批判的な左派によってもさかんに提唱されている。

しかし、こうした議論において欠落している論点がある。それは市場の独自性と貨幣の権力性である。市場はけっして人間の交換行為から自然に生まれてくるものではない。また、貨幣もたんに交換を便利にする中立的な道具ではない。これらのことはすでにマルクス経済学や制度派経済学において再三論じられてきたことであるが、にもかかわらず、既存のＢＩ論においてほとんど意識されてこなかった。このことについて無自覚であるならば、ＢＩにひそむ重大な問題を見逃すことになりかねない。

そこで本稿では、市場の独自性と貨幣の権力性という視点から、ＢＩについて考察してみることにしよう。

## 市場は交換から生まれるのではない

まず、市場の問題から考えていこう。ＢＩは商品を購買することができる市場を前提としており、市場についての理解は不可欠である。

そもそも市場とはなんだろうか。もっとも簡単に定義すれば、商品の購買と販売が行われている場であるということができるだろう。

ふつう、この市場は交換から生まれたものだと考えられている。典型的なのは、アダム・スミスだ。スミスによれば、人間は、動物と違って、自分の利益になるように交換を行うという「交換性向」をもっている。スミスは、この「交換性向」から商品交換や分業が生まれ、市場が形成されると考えたのである。

しかし、実際には市場はたんなる交換によって形成されることはない。たとえば、ある人が読み飽きたマンガを親友と交換し、別のマンガを手に入れるという場合を考えてみよう。このとき、彼らはたしかに自分の利益になるように交換を行ったわけだが、だからといってこのマンガが商品となっているわけではない。また、この交換する場面のことを市場と呼ぶ人はいないだろう。したがって、交換のみによって市場を説明することはできない。

じつは、市場は生産の特殊なやり方と結びついている。社会的分業がたがいに疎遠な関係にある生産者、すなわち私的生産者たちによって営まれているとき、はじめて市場は成立するのである。つまり、互いに人格的なつながりのない、バラバラの生産者（個人の場合もあれば、企業の場合もある）がたがいにモノを交換し合うときに、はじめてモノは商品となり、市場が形成される。というのも、そのときはじめて、モノの所持者が互いに値踏みをしてモノを交換するようになるからである（注1）。

さきのマンガの例においては値踏みをしてモノを交換することは行われていなかった。二人はもともと親友であり、相手を出し抜いて自分だけが得をしようとする間柄ではない。つまり、彼らは親友だからマンガを交換したのであり、交換によって得をするために関係を取り結んだのではない。それに、彼らが交換したのはすでに読み飽きたマンガであり、それがどんな比率で交換できるかによって生活が左右されるわけではない。だから、彼はたしかに自分の利益のために交換をしたのであるが、その仕方は非常に大雑把であり、いちいち値踏みをすることなどしなかった。

ところが、私的生産者が交換を行う場合には事情が異なる。彼らは互いに知り合いではなく、何の利害の共通性もない。彼らは人格的なつながりがあるから交換したのではなく、交換によってモノを手に入れる必要があるから相手と関係を取り結んだのである。それゆえ、彼らを取り結ぶものはモノとモノとの関係にすぎず、相手のことは考えず、できるだけ有利な比率で交換したいと思っている。また、彼らは読み飽きたマンガではなく、自分が時間やお金を費やして生産したモノを交換に出すのだから、適正な比率で交換することができなければ、生きていくことができない。だからこそ、私的生産者たちが社会的分業をおこない、交換をする場合には、かならず値踏みをして交換しなければならないのである。

このように値踏みをして交換するときには、私的生産者たちはモノにたいして、そのモノがもつ有用な性格（使用価値）とは区別される、ある独自な社会的な力を認めていることになる。というのも使用価値としてはモノはどれも違ったものであり（同じモノであればそもそも交換する必要はない）、両方のモノを比較して値踏みをするということは、違うモノを共通の性格、共通の社会的力をもつモノとして扱っていることになるからである（生産者自身はこのことを必ずしも自覚していない）。カール・マルクスはモノがもつ、この社会的な力のことを価値とよび、価値をもつモノのことを商品と呼んだ。市場とは、この商品が交換される場にほかならない。なお、人々がモノを商品として扱うときには、必ず貨幣が必要となるが、この点については後で見ることにしよう。

以上にみてきたように、市場はたんなる交換からうまれてくるのではない。私的生産者たちが社会的分業を営むために、たがいに値踏みをしてモノを交換する必要があるから、商品が生まれ、市場が形成されるのである。そして、私的生産者たちが社会的分業を営むには、きわめて特殊な歴史的条件が必要とされる。それゆえ、市場というのはけっして自然の制度ではなく、ある特殊な社会関係にもとづく特殊なシステムなのである（注2）。それは、交換を円滑にするための中立的な制度ではない。むしろ、市場においては人々はモノの力に依存することによってしか経済生活を営むことができないので、このモノの関係が自立化し、それによって自分たちの生活が振り回されるようになる。私たちが自分たちから独立しているかのような「景気」について語ることができるのは、このようなモノの関係の自立化があるからだ。このように、社会関係を取り結ぶ力を持つに至ったモノのことを「物象」といい、人間の経済活動がモノの関係によって振り回されるという転倒した事態のことを「物象化」という（注3）。

市場が生活領域の大部分を包摂している資本主義社会においては、このような転倒をいたるところに見いだすことができる。たとえば、生産者たちは商品の価格変動によって生産量を増減させている。農業生産者は価格を一定程度に保つために農作物を大量に廃棄処分することもある。また、社会には十分な生産能力があるにもかかわらず、企業間競争に打ち勝つための解雇によって日々の食事にも事欠くような失業者が生み出される。企業の利益追求の結果、人間や自然環境に有害な物質がまき散らされていく。私たちが生きる資本主義社会においては、人々の生活や自然環境といった具体的なものはすべて抽象的な価値の運動によって、編成され、振り回され、しばしば破壊されるのである。

## 物象化と市場の独自性

このように、市場は歴史的に特殊なシステムである。それゆえ、市場はそれ以前の経済システムとは全く異なる性格をもっている。とくにＢＩとの関係で重要なのは、市場におけるモノへの依存と偶然性の問題である。

市場経済以前の経済システムではなんらかの意図や計画を社会的に決定した上で労働力の配分と生産物の分配を行っていたから（このやり方は独裁的でも、民主的でもありうるし、ネットワーク的でも、中央集権的でもありうる）、人々がモノの関係に振り回されるということはなかった。また、災害や気候などによる偶然性はあったが、経済システムそのもののなかには偶然性はほとんどなかった。

しかし、市場という経済システムにおいては、事情は全く違う。人々は個々バラバラに勝手に経済活動をおこない、モノを値踏みして交換することによって、結果として社会的分業を成り立たせているにすぎない。それゆえ、市場においては人々はモノの関係に依存することによってしか生きていくことができないにもかかわらず、このモノの関係は偶然的にしか成立しない。端的に言えば、商品を適正な価格で売ることができず、生活に必要な貨幣を手に入れることができないということは十分にあり得る。また、たとえ手元に貨幣があったとしても、市場において必要な商品が購買可能な価格で販売されているとは限らない。だから、市場という経済システムにおいては人々の生存は根源的には保証されていない。

この問題を考える上でわかりやすいのが、次のようなケースであろう。誰でも、急病やケガなどによって急な支出が必要になるときがある。そのような場合でも医療分野の現物給付制度がしっかりしていれば、必要な医療サービスを無料か非常に低額で受けることができる。しかし、もしこうした現物給付がまったくなかったら、どうなるだろうか。

その結果を考える上で、アメリカの公的医療保障の現状が非常に示唆的である。堤未果が述べているように（注4）、アメリカの公的医療制度は新自由主義改革のあおりを受け、現物給付を減らし、自己負担率を増加させ、「自由診療」という名の保険外診療を増やしていった。自己負担の増加によって家計が苦しくなると民間の医療保険に入る人々が多くなったが、このような民間の保険会社に加入しても、保険がカバーする範囲はかなり限定的で、一度医者にかかると借金漬けになるというケースが非常に多い。

事実、二〇〇五年の統計によると、二〇四万人の個人破産者の破産理由の半数は高額の医療費の負担である。医療費が高額なために医者にかかれず亡くなる乳幼児も多く、乳幼児死亡率は一〇〇〇人のうち六・三人と、先進国中最も高い割合である。また、保険会社は費用を減らすために、病名ごとの「標準」治療期間を指定しており、それをこえる期間分は全く保険が利かなくなる。心筋梗塞は四日まで、乳がんは二日まで、というように命に関わる病気すら長引かせれば誰も保障してくれないという状況にある。また、高齢者用の公的医療保険であるメディケアでも、ニュージャージー州では糖尿病など慢性的な病気に対する処方薬は全額自己負担のため、必要な薬を摂ることができないことは珍しくない。

この事例に象徴されるように、人間が生きていくなかでいろいろな物資やサービスを必要としたとき、市場の内部だけで対処するには限界がある。もちろん、一人あたり年間一億円の現金を保障するなどすれば、このような偶然性もなくなるだろうが、いうまでもなく実現不可能である。通常の想定で考える限り、どのようなＢＩによっても以上のような市場の偶然性からは脱却できないのである。

市場においては、現実の具体的な人間の暮らしや自然の再生産は顧みられない。排他的な利害関係をもつ個人が向かい合い、取引をおこなう市場では、個々人の人格や自然環境ではなく、ただモノの有用性と価値だけが意味をもつからだ。それゆえ、市場の論理だけに従うのなら、企業の利潤を確保するために労働者はいとも簡単に解雇され、「経済成長」のために自然破壊は放置される。この市場の論理を野放しにしたまま、いくら貨幣を一律に分配しても、原理的には生存を保障することにはならない。

生存を保障するにあたってもっとも重要なことは、人間が生きるのに最低限必要な基礎的な社会サービス（医療、住居、教育など）を市場の論理から切り離していくことである。すなわち、それらを普遍主義の原則にしたがって無償で保障することが必要となる。エスピン・アンデルセンが必要な物資やサービスの「脱商品化」を福祉国家の指標とするのもこのような事情による。人間の生存を保障するためには市場の論理の抑制が多かれ少なかれ必要なのだ。

そのためには、人々の生存が市場の偶然性によって左右されない社会にしていくと同時に、さまざまな理由から働けない人に対する保障をきちんとすることが当然必要になってくる。そのような生存保障の一環としてＢＩが有用となりうる可能性はもちろんある。しかし、社会保障を組み立てていく基本軸は市場の論理をいかにして抑え込んでいくかという視点から構成されなくてはならない。ＢＩによってその市場の偶然性を抑え込むことは根本的には不可能なのである。

## 貨幣の権力性

しかしながら、次のような反論も可能かもしれない。なるほど、ＢＩだけでは人間の生存を保障できないということはわかった。確かに医療や保育など、現物支給も大事である。だから、ＢＩと現物給付を同時に要求しなければならない、と。

だが、このような議論に決定的に欠落している視点がある。それは、物象化から生まれる貨幣の権力性である。というのも、ＢＩとは一律の貨幣給付にほかならず、その妥当性の検証にあたっては貨幣の性質についての認識が前提されなければならないはずだからだ。

貨幣はけっして中立的な道具ではない。これまで様々な思想家、経済学者、文学者が指摘してきたように、ある権力性を持つモノである。つまり、貨幣はたんなる流通手段として人間にとって中立的に役立つ道具なのではなく、その存在じたいが人間と人間との関係、人間と物との関係を変容させる力を持っている。貨幣は、ミシェル・フーコーのいう「権力」の結節点であるとともに、それを構成するものとして作用し、その働きによって既存の権力の布置を変容させるのである。

貨幣の権力性を批判する論者は古来数多く存在したが、この貨幣の権力性の謎を解いた者は一九世紀半ばに至るまで存在しなかった。この貨幣の謎を解いた思想家こそが、マルクスにほかならない。マルクスは名著『資本論』のなかでも白眉とされる価値形態論において、その謎を鮮やかに解いてみせたのである（注5）。

簡単に結論だけを記しておけば、市場が交換から生まれた自然な制度ではないように、貨幣もまた交換から生まれた自然な道具ではない。私的生産者がモノを値踏みして交換する際には、モノを商品として扱わなければならないが、モノを商品として扱うには、値札をつけて商品の価値を相手にわかるように表示しなければならない。なぜなら、モノの社会的力、すなわち価値はそのモノ自身の身体によっては表現することができず、他のモノとの関係によってしか表現され得ないからだ。つまり、商品は他のモノを自分と直接に交換できるものとして自分に等置し、それを価値の体現物にすることによってしか、自分の価値を表示できない。この「他のモノ」が、あらゆる商品の価値を表示するものとして一般化されたものが貨幣にほかならない。貨幣は、商品が自分の価値を表現するために必要とされるがゆえに、あらゆる商品にたいする直接的交換可能性を排他的に持つのである。

このように、貨幣は値札の必要性から生まれてくるのであり、それゆえ人間たちがモノを商品として扱うところでは必ず存在する。

古代の詩人や哲学者たちが指弾しているように、貨幣は生まれたときからすでに権力性を帯びていたが、市場が全面化した社会、つまりわれわれが生きる資本主義社会において、その力は決定的なものとなる。貨幣は商品化の度合いが低い社会では生活領域全体を編成するほどの社会的力を持っていなかった。人々は貨幣を媒介とした商品交換によってではなく、共同体的原理や人格的従属関係を軸にして社会的生活を営んでいたからである。貨幣がそのような力を持つには、市場を中心とした経済システムが全面化する必要があった。つまり、人々が共同体的に生産を行うのでも、自給自足的に生産を行うのでもなく、バラバラの私的生産者として生産を行い、商品や貨幣の力に依存することによってのみ互いに社会的生産関係を取り結ぶことができる社会にならなければならない。貨幣は、このような全面的に物象化された商品生産社会においてこそ、十全にその力をふるうようになる。

したがって、商品生産が発展すればするほど貨幣の力は強まるのであり、逆に、貨幣の力が商品生産関係を拡大させていく。というのは、商品生産が発展すればするほど貨幣は生活のなかで重要な位置を占めるようになり、貨幣が重要なものになればなるほど生産は貨幣を目的として行われるようになるからである。商品生産の発展とともに貨幣の力は、労働生産物ではない商品（土地や地位、性愛など）にも及ぶようになる。

## 貨幣による共同性の解体

以上から、貨幣が中立的に使える道具などではないことは明らかであろう。むしろこの社会を編成する極めて根源的な要素なのである。貨幣は特別な力を持ったモノであり、個人によって排他的に所有される。したがって、それを所持する個人は文脈に関わりなく、貨幣によって社会的力を行使することができる。つまり、貨幣さえあれば、個人は他者に依存することなく社会的力を行使し、他者を動かすことができるのである。

このような貨幣の力は人間の共同性を解体していくだろう。そもそも貨幣は共同性の喪失ゆえにその力が全面化されたのであり、私的個人が行使する貨幣の力が強まれば強まるほど共同性は喪失させられていく。むろん、マルクスが強調するように、貨幣の力だけが共同体を解体へと導いたのではない。そこには組織された暴力の介在が不可欠であった。しかしながら、他方、近代国家のような自立的権力の創出においては、たとえば税の貨幣化などをつうじて、自立的な価値としての貨幣が大きな力を発揮したのである。

例えば、それまで家庭や地域社会でおこなわれていた食事、家事、育児、介護といった領域が貨幣によって購買できるものになる、すなわちサービス産業の市場になるという場合を考えてみよう。育児や介護の市場化は、決してサービスの向上を意味しない。行政による公的な保育施設が未整備である状況下での保育の市場化は、劣悪な条件の未認可保育園を増加させ、子供の発育や安全性に対する疑問を投げかけている。介護の市場化についても、介護保険制度の下で介護報酬が政策的に低く抑えられるなかで、介護労働の場での虐待事件などがしばしば報じられており、ケアが人間的なものになっているとは言い難い。このようなことはすべて社会的な共同性を解体させる方向に作用している。

また、補助金の交付によって、共同性が破壊されるということもある。日本の農業政策では、減反政策を実施した農家に補助金を支給する仕組みがあり、補助金依存体質から脱却できない場合も少なくないと言われる。結果として新しい地域経済の可能性や地域が活性化した場となる可能性が切り縮められている。これは自民党による開発主義と地方への補助金による社会統合政策の結果であるが、ここでも貨幣の力によって人々の自発的結合の可能性が阻害され、共同性の喪失をもたらしている。

このようにして、人々が排他的に行使することのできる貨幣の力に依存するようになると、共同性が失われるばかりでなく、諸個人がバラバラな私的な諸個人として形成されていくことになるだろう。つまり、諸個人の人格もまた物象の論理に従ったものへと変容していく。貨幣の獲得のために、他人の生活・生命、自然環境を犠牲にすることも厭わないような生活態度が形成される。

さらに、こうして貨幣の力が強くなればなるほど、資本の力も増大する。資本とは価値の自己増殖運動にほかならず、その運動は自立化した価値としての貨幣の力に依存しているからである。しかも、貨幣の力によって共同性が解体されると、その領域を市場として包摂する資本の力が強まっていく。資本の力が社会的に大きくなれば、現在われわれが目にしているように、社会保障の削減、労働規制の撤廃といった社会の新自由主義的再編への圧力が強まるようになる。

## 貨幣と正当性

　だが、物象化とそれにもとづく貨幣の権力性の問題はそれだけではない。それはさらに、経済活動における人間たちの承認のあり方までも根底から変容させてしまう。

　ヘーゲルが言ったように、所有とは承認された占有にほかならないが、この承認のあり方は生産関係のあり方によって規定される。全面的に市場化されていない社会では、所有は基本的に人格的関係にもとづいていた。たとえば、封建領主の土地の所有権は彼の封建領主としての身分にもとづいていたし、ギルドの親方の生産用具の所有権は彼の親方としての地位にもとづいていた。ところが、物象化された社会においては、所有はまったく異なる原理で成り立つようになる。そこでは、商品や貨幣という物象の力が所有を成り立たせるのである。私的生産者が交換を通じて貨幣を所有することができたのは、彼の生産物が価値をもっていたからであり、その商品の買い手がそれを所有することができたのは彼が貨幣を持っていたからである。

　このように、市場においては、諸個人は互いに人格的なつながりをもっていないのだから、物象の力に依存して互いを承認しているにすぎない。にもかかわらず、この承認は商品や貨幣の持ち主の自由意志にもとづく相互承認というかたちでおこなわれるのだから、正当なものとして通用する。たとえば、商品の売り手がまったく知らない人だとしても私が貨幣を支払いさえすれば、売り手はその商品に対する私の所有権を認めるだろう。また、この所有権は社会的にも正当なものだと認められるだろう。逆に、市場においては、その人がどんなに貧しく苦しんでいたとしても、その人がなんらかの商品を売り、貨幣を手に入れ、支払うことをしなければ、その人は商品に対する所有権を認められないだろう。さらに、社会的にもその人が商品を手に入れることができなかったことは、好ましくないことだとしても、正当なことだとされるだろう。

それゆえ、市場が全面化した社会においては、物象の社会的力にもとづく相互承認が所有の正当性の社会的基準となる。ここからさらに、市場においては人々は商品や貨幣の所持者として自由に振る舞い、自由意志にもとづいて契約を取り結ぶのだから、市場での競争こそが自由であり、平等であり、そこで認められた所有こそが正当だという観念が生まれてくる。逆に言えば、市場の競争を媒介しない所有は不正だという観念が生まれるのである。現在の日本における社会保障や公務員にたいするバッシングや自己責任論は、このような物象化された正当性の観念に依拠しているといえるだろう。前者は市場の競争を媒介しない所有に対する非難であり、後者は市場の競争を媒介した無所有の正当化である。

しかも、所有の正当性を市場における自由競争に求める観念は、労働と結びつく。現実には、市場における所有権は物象にもとづいているのであり、労働にもとづいているのではないが、自由競争のなかで商品を売って貨幣を手に入れなければならないという市場の構造じたいが、なんらかの「努力の結果」としての所有という観念を生み出し、この努力が「労働」と表象されるからである。この観念はたんなる資金運用までも「労働」とみなす表象を生み出し、それによる所有の正当性を補強する一方で、人々に賃労働を強制する圧力を生み出す。というのも、この観念においては、所有は「労働」の結果でなければ不正だとされるからである。

さらに、貨幣の場合は、このような正当性をめぐる観念はいっそう先鋭化する。というのも、貨幣はどんな商品にたいしても直接的交換可能性を持ち、しかも商品でないものも商品にすることができる一般的富の化身だからである。だから、市場を媒介としない貨幣の給付に対しては現物給付の場合よりもいっそう激しいバッシングが巻き起こるのである。

それゆえ、仮に現在の日本でＢＩが実現したとしたら、他の社会保障制度にたいする猛烈な切り下げ圧力が生じることは間違いない。貨幣給付を不正とする観念が、「ほんらい働いて自由競争によって手に入れなければならない貨幣を無条件で配るのだから、そのかわり既存の社会保障制度は削減されてしかるべきだ」という発想を生み出すからである。じっさい、新自由主義者がＢＩを主張するときには、既存の社会保障制度の削減がセットになっている。

ＢＩ論者の貨幣に対する態度は、俗流マルクス主義者の国家に対する態度に似ていると言えるだろう。俗流マルクス主義者は、「善き意図」を持った共産主義者が国家権力を掌握しさえすれば、資本主義の諸問題を解決することができると考えた。しかし、国家はたんなる道具ではない。それは特定の権力関係のもとに形成された固有の関係であり、「善き意図」だけによってはけっして問題を解決できない。ＢＩ論も同じように、貨幣をあたかも道具のように使って生存や自由の問題を解決することができると考えているようにみえる。しかし、それは貨幣の持つ固有の権力性に対する認識が欠落した、非常に危険な議論だと言わざるを得ない。

## 物象化を抑制する貨幣給付はありうるか

もちろん、以上に述べてきたことは貨幣を社会運動が利用することが常に悪であるということを意味するのではない。現実にわれわれの生きる社会が貨幣によって編成されている以上、貨幣関係の外部にただちに出ることは難しい。もし仮に貨幣を用いることは倫理的に間違いであるという立場をとるならば、生活保護での貨幣の支給は悪であり、取りやめるべきだというおかしな議論になってしまいかねない。貨幣の権力性に自覚的でありつつ、貨幣を戦略的に用いることは物象化を抑制していくという面から有効な場合がある。

たとえば、貨幣給付がポジティブに機能することで、アソシエーション形成を促すという可能性が挙げられる。先だって触れた農家への補助金は、共同体を解体する方向に作用していた。しかし、地域に根差した新しい農業を奨励するような所得保障ならば、農村を自治的に運営する共同性を生み出す支えになるかもしれない。

より顕著な例が、失業者への積極的労働市場政策だろう。ヨーロッパでは、失業保険を受けられない失業者を対象として、失業扶助による所得保障に職業訓練を組み合わせたアクティベーション政策の取り組みがなされている。これはもちろん、一面としては失業対策であり、日本のように不十分な制度のもとでは懲罰的なワークフェアになりかねない。しかし、企業横断的な職業資格を整備したうえでの職業訓練は、企業ごとの垂直的な統合に対抗する、労働者の水平的な連帯の基礎となる。積極的労働市場政策における貨幣給付は、労働市場を規制する労働者の共同性を構築するための戦略として機能しうると言えよう。このように、貨幣の問題に自覚的でありつつ、貨幣を戦略的に用いることは物象化を抑制していくという面から有効な場合がある。

その意味では、ＢＩについてもポジティブな可能性はもちろんありうる。たとえばシャンタル・ムフは「ポスト社会民主主義のビジョン」を構成する「三つの基準」として、労働時間の削減、非営利活動を行うアソシエーションへの助成とともに、BIを挙げている（注6）。それによって、市場や国家ではない、アソシエーションのセクターが社会事業において重要な役割を果たせるという。

ただし、ムフがこの基準のなかで労働時間の削減を真っ先に挙げていることを見逃してはならない。さらに、ムフはBIを含む一連のビジョンは、現在においてはただヨーロッパという文脈においてのみ意味を持つプロジェクトであると限定している。本書の斉藤論文でも紹介されているように、ヨアヒム・ヒルシュも脱商品化のための公共サービスの強化を補完する方策としてBIを位置づけている（注7）。いずれも、ヨーロッパレベルの労働規制と、普遍的な現物給付を中心とした社会福祉の拡充の達成が前提なのである。

## 脱労働ではなく、脱商品化を

冒頭でも見たように、もともとのBI論の発想は労働と所得を切り離すことで、労働からの自由を獲得することを目指すというものであった。もはやグローバル化のもとで資本主義が不安定な雇用しか提供できないのなら、そんな労働に縛り付けられたくはない。しかし、だからといって福祉国家官僚による統制にしたがって福祉など受けたくもない。だから、個人が自由に使える貨幣を一律に給付すべきだ、と。

だが、ここでいう「自由」とは、端的にいって、貨幣という非人格的な物象の力に依存した「自由」であるにすぎない。貨幣や商品という物象の力に依存した非人格的な関係を賞賛する人間観こそが、マルクスが「自由・平等・所有・ベンサム」という名文句によって批判した狭隘な人間観にほかならない。

これにたいしては、こういう反論があるかもしれない。われわれが求める自由はけっして貨幣による自由ではない。むしろBIによって賃労働に縛り付けられず自由に活動する領域が拡大することこそを求めているのだ、と。しかし、このような主張は幻想でしかない。なぜなら、我々が生きる社会は資本主義社会であり、この社会の諸条件を無視して自由に活動することなどけっしてできないからだ。

第一に、現在のBI論で想定されている給付水準では到底生活していくことはできない。ましてや、社会活動に参加する物理的、精神的余裕を持つことなど不可能である。したがって、賃労働を行うことを強制されざるを得ないし、現在の日本の社会的力関係のもとでは労働条件はBIの導入によってより劣悪になる可能性が高い。ましてやBIと引き替えに最低賃金など各種労働規制を撤廃することになれば、低賃金・長時間労働が跋扈することは容易に予想できる。

第二に、社会活動は、言うまでもなく、社会的な条件整備に大きく依存する。たとえば、会議を行うには、会議室が必要であり、大きな集会を開くにはホールが必要である。そして、このような社会的な条件整備を個人で行うことはほぼ不可能である以上、公的に保証されなければならない。とくに、社会活動に対する寄付の慣習に乏しい日本においてこのことはきわめて重要である。ただ貨幣をもらって国家や労働から「自由」になったと考えているようでは、現実の社会活動に必要な、自由のための条件が次々と奪われていきかねない。

第三に、この点がもっとも重要なのだが、資本主義社会においては、倫理的な価値判断の問題とは全く関わりなく、商品や貨幣、そして資本といった物象が社会的諸関係において決定的な役割を果たしているという事実である。人々が貨幣に依存して生きなければならず、賃労働を絶えず強制され、賃労働することなしに所得を得ることが不正だとされるのは、生産関係が物象化しているからにほかならない。そして、生産関係が物象化し、貨幣や資本という物象が強力な威力を持つのは、生産がバラバラの生産者による私的労働として行われ、しかもその生産を賃労働者が担っているからである。だとすれば、モノの力に依存しなければ生きていけず、たえずモノの関係の偶然性に振り回される社会のあり方を変えていくためには、賃労働としておこなわれる私的労働という特殊な労働のあり方を変え、脱商品化をすすめなければならない。すでに歴史が示しているように、産業別・職種別に組織された本来の労働組合運動や協同組合運動などは、部分的ではあれ、労働の私的性格、賃労働としての性格を弱め、脱商品化、脱物象化を進めることができる。もちろん、六八年以降の「新しい社会運動」が示したように、脱商品化のためのとりくみはあらゆる局面で可能であろう。とはいえ、価値や資本という物象の力を生み出すのが私的労働や賃労働という特定の労働の社会的形態であるかぎり、根源的には物象と労働の関係が決定的な意味をもつ。

私たちが社会的再生産を営む限り、けっして労働からは解放され得ない。むしろ、私たちが求めなければならないのは働き方を変えていくことであり、それをつうじて、あるいはそれとともに脱物象化、脱商品化を実現していくことである。たとえば、現在の日本の異常なまでの労働時間の長さと社会運動の脆弱さはけっして無関係ではない。それは日本においていかに物象の力が強力であるか、賃労働圧力が強力であるかを端的に示している。自由時間を失った私たちはますます商品に依存して生活するようになっている。マルクスが述べたように、労働時間の短縮はあらゆる社会改良の前提条件なのである。

注1■正確に言えば、ここでいう「市場」とは、ポランニーが言うところの近代的な「自己調整的市場」のことであり、ただ財を交換するだけの「いちば」のことではない。もちろん、「いちば」もそれが直接に人格的紐帯がない人々同士の交換という意味では近代的市場に類する特徴をもっているが、この交換がさまざまな社会的慣習や規範によって規制されていること、また交換される財が生活必需品には及ばず、社会の一部分にとどまっていることにより、明確に区別される。

注2■とはいえ、制度派のように市場の特殊性をたんに現に成立している市場の制度的特殊性にだけ求めてはならない。むしろ、市場の制度的特殊性を規定しているものは何かを明らかにしなければ、その制度が特殊であるゆえんをあきらかにすることはできない。この場合、市場の特殊性を根底から規定するのがモノがもつ価値という形態規定なのである。

注3■物象化論については拙著『マルクスの物象化論』社会評論社、二〇一一年を参照。

注4■堤未果『貧困大国アメリカ』岩波新書、二〇〇八年。

注5■マルクスの価値形態論および貨幣論の概要については知りたい方は前掲の拙著および久留間鮫造『貨幣論』大月書店、一九七九年を参照されたい。

注6■シャンタル・ムフ『民主主義の逆説』以文社、二〇〇六年、一八九—一九二頁。

注7■ヨアヒム・ヒルシュ『国家・グローバル化・帝国主義』ミネルヴァ書房、二〇〇七年、一六五頁。

# 福祉国家の危機を超えて

## ――「市民労働」と「社会インフラ」におけるベーシックインカムの役割

斎藤幸平

**斎藤幸平**

さいとう・こうへい
ベルリン自由大学大学院生。
1986年東京都生まれ。
主な論文に「ドイツの反原発運動とユニオニズム」『POSSE vol.11』（NPO 法人 POSSE、2011 年）、「『コモンウェルス』におけるベーシックインカムの位置づけ」『POSSE vol.9』（NPO 法人 POSSE、2009 年）など。

## はじめに

二〇一三年の国政選挙を前に、ドイツで再びベーシックインカム（以下、ＢＩ）に関する議論が賑わいの兆しを見せている。というのも、海賊党というインターネット世代の若者を中心とした新政党が、二〇一一年一二月に開催された党大会において、無条件のＢＩ給付を党の綱領へと盛り込むことを決定したためである。ネット上のプライバシー保護や著作権の問題のみならず、政治の透明性やネットを使用した新しい直接民主主義への訴えかけで支持を伸ばすことで、二〇一一年九月のベルリンの選挙で初めて州議会議席を獲得し、その後も各州で議席獲得を続けている海賊党が、次の国政選挙に向けての社会保障政策としてＢＩを選んだことで、ＢＩが再び議論の的となっているのだ。

海賊党のこうした「左翼化」の背景にはハルツⅣと呼ばれる二〇〇五年に施行された失業者扶助制度への社会的不満が反映されている。二〇〇三〜〇四年にドイツ社会民主党（ＳＰＤ）と緑の党の連立政権であるシュレーダー政権は、長期失業者の増大と社会保障関連費による財政圧迫を理由に「アジェンダ二〇一〇」と呼ばれる社会保障制度の大幅な見直しを行い、無期限に支給されていた失業扶助の制度を廃止することを決定した。代わりとなるハルツⅣ導入によって、一二ヶ月間（五五歳以上には一八ヶ月）の失業保険が切れた後にも失業している者は、失業給付を受け取るための条件として、ジョブセンターが紹介する仕事への就業が義務づけられることとなった（注1）。要するに、ドイツでも社会保障費による財政圧迫と受給者のモラルハザードを防ぐためにワークフェア政策が取り入れられたのである。このワークフェア型の社会保障制度により確かに失業率は減少したものの、他方で、「一ユーロジョブ」と呼ばれる生活水準ぎりぎり、ないしはそれ以下の低賃金労働に従事させられる失業給付受給者を生み出しており社会問題になっている。さらにはジョブセンターに紹介された単純労働に従事する失業者は、労働市場において周辺化されたままになってしまっており、その結果、「ビールを飲みながら、テレビの前で一日過ごす受給者」という失業者のスティグマ化は依然として続いている。こうした背景をもとに、海賊党もハルツⅣ制度下での受給者の現状を「人間の尊厳に抵触する verstoßen gegen die Menschenwürde」（注2）と批判し、BIを提唱するに至ったのだ。

さて、ワークフェア批判がBIに合流したのは、政党政治レベルだけではない。むしろ、海賊党の動きは二〇〇〇年以降のワークフェア批判としてのBI論の展開を前提としていると言えよう。その中で中心的役割を果たしているのが、現在ドイツで最も著名な社会学者ウルリッヒ・ベックの「完全雇用（就業）社会の終焉 Ende der Vollbeschäftigungsgesellschaft」と、マルクス主義者ヨアヒム・ヒルシュの「社会インフラ」の議論である。そこで、本稿では現在のドイツにおけるＢＩをめぐる言説をよりよく理解するための足がかりとして、ベックの近年のＢＩ論に関する一連の議論を追い、その射程と限界をまず明らかにしたい。その後、福祉国家と「第三の道」の機能不全を乗り越える「新」福祉国家の可能性を切り開くＢＩ論としてヒルシュのベック批判と「社会インフラ」論を展開する。最後に、ドイツにおける社会インフラの整備を試みる具体的実践を紹介し、それらの運動が持つ社会変革への意義を考察したい。

## ベックの「市民労働」・「市民給付」論

八〇年代のベックの「再帰的近代」における「個人化」の議論が、ギデンズの「第三の道」構想へ影響を与えたことは既に指摘されているが（注3）、一九九九〜二〇〇〇年に発表された一連の論考において、ベックは「市民労働 Bürgerarbeit」と「市民給付 Bürgergeld」という概念を用いて、ギデンズと同様に福祉国家の限界と新自由主義の行き詰まりという今日の先進国社会が直面する課題に正面から取り組むようになる。このベックの市民労働論を裏付ける現状分析は、近年のＢＩ論の下敷きにもなっているため、まず概観しておかねばならない。

ベックが「市民労働」という新しい「労働」概念を提唱するようになった背景には、西欧福祉国家における「制度化された階級妥協」の下に構築された「稼得労働社会」の根幹が崩壊しつつあり、「完全雇用（就業）社会」、つまり低失業率とフルタイムの正規雇用が両立する社会の実現がもはや不可能になっているという現状認識がある。事実、グローバル化による基幹産業の工場海外移転に伴う国内産業の空洞化のみならず、ポストフォーディズムにおけるフレキシブルで流動的な雇用形態への要求やアウトソーシングの急速な増大は、非正規で不安定な労働を一般的労働形態にし、将来に不安を抱えたワーキングプアや失業者を大量に生み出している。ベックが「西洋のブラジル化 Brasilisierung des Westens」（注4）と呼ぶこの事態は、社会保障費関連の支出の増大により、国家の財政危機を深刻化させた。加えて、そのフルタイム雇用を前提とした社会保障制度は、非正規労働者などが直面している新たな貧困に対応できないため、福祉国家の機能不全を明瞭化することとなった。だが、八〇年代以降福祉国家の代わりに台頭した新自由主義は、資本の利害関心を貫徹させるために、社会保障費の削減、国営企業の民営化や規制緩和を断行し、経済的格差や生活不安をより一層深刻なものにした。その結果、新自由主義改革によって、「資本主義、福祉国家と民主主義の歴史的同盟は破綻をきたしている」。というのも、資本の利益のみを追求する市場原理の支配によって、一部のグローバルプレイヤーに大きな利益をもたらしながらも、他方では多くの市民の物質的基礎が脅かされているからである。こうした社会の二極化によって「既存のシステムの正当性の危機」は深刻な状態になっているという診断を、ベックは下すのである（注5）。

ベックによれば、今日、資本主義システムがその正当性を再獲得するためには、福祉国家が前提としてきた「完全雇用（就業）」に基づく「就労社会」という過去への憧憬から決別しなくてはならない。就労社会においては、フルタイムで定年まで働くことで、人々は稼得労働を通じて貨幣のみならず、社会的承認や集団内部でのアイデンティティをも獲得することができた。だが、生産力の向上や資本のグローバル化は、先進国において労働に従事できる人員の数を大幅に減少させてしまったため、旧来のような働き方を社会一般のレベルで行うのは不可能となっている。その結果、そもそも仕事がないために、職業教育を受けても正社員として就職することができない若者が「負け組 Loser-Dasein としての責任を自分でとらなくてはならない」状況に陥っている（注6）。また、ワークフェアによって失業者に課せられる労働は、採算が取れず資本の参入しない単純労働やサービス労働が中心であり、彼らは一般の労働市場からは排除され、スティグマ化されたままである。つまり、多くの非正規雇用者や失業者にとっては、稼得労働がもはや物質的生活や社会的承認の基盤を提供する活動ではなくなってしまっているにもかかわらず、旧来の就労社会の価値観にとらわれたままでは、困難になる一方の安定した雇用への競争が、より激化していくだけであるとベックは警鐘を鳴らしている。

この稼得労働への過酷な競争から解放されるためには、「労働」概念そのものを大幅に転換する必要があるとベックは考える。ベックによれば、資本にとって必要な労働力の再生産、さらに社会そのものの再生産にとっては、稼得労働のみが意味のある労働形態ではないのであり、家事労働、環境保護活動やボランティアといった活動も社会に不可欠な労働である。さらに、今日の社会的・文化的変動は、労働やアイデンティティの流動化、不安定化といった消極的側面だけをもたらしたのではない。むしろ、「個人化」によって各人は他者のための積極的奉仕活動を行うことができるようになっており、そうした新しい活動を「市民労働」という形でとらえ返し、社会的に支援することが、完全雇用社会の行き詰まりに対するベックの処方箋なのだ。

この労働概念の市民労働への拡張によって、失業者は、稼得労働という形態での労働は営んではいないものの、社会にとって有益な活動に従事している者とみなされ、その限りで、失業者は「失業者」でなくなる。他方で、雇用が不安定な人々は、今の仕事を失わないよう必死な働き方をする代わりに、市民労働と稼得労働を自らの人生設計に合わせて自由に行き来することができるようになる。ベックによれば、市民労働を導入することで、従来のように顧客として受動的に失業手当や社会扶助を受け取る人々に莫大な予算を使う必要はなくなり、それらの予算は「市民給付」として市民労働に従事する市民に対して支払われることになるという。また、モラルハザード防止のために様々な懲罰やスティグマ化を失業者に対して行うかわりに、市民労働に従事する市民には「勲章」などの社会的承認が与えられる。加えて、社会的に労働時間を大幅に短縮し、一般的な雇用形態をよりフレキシブルにすることで、稼得労働と市民労働の移動を社会全体で一般的なものとすれば、各人は稼得労働へと強制される代わりに、自ら社会にとって有意義とみなす活動に自由に従事することが可能になるとベックは主張する。ベックによれば、市民労働によって稼得労働そのものがなくなることは決してないが、市民労働に補完されて、社会の活動の多様性は豊かになるのである。

## ハルツⅣ改革とベーシックインカム

ベックは市民労働があくまでも当事者の自由な動機付けから行われる強制なき労働であることを強調する。しかし、市民労働が内容を問わない、無基準のものとも考えておらず、「市民労働委員会」を設置し、「公共福祉的企業家 Gemeinwohl-Unternehmer」と呼ばれる社会奉仕の精神を持った企業家集団が市民労働を組織、支援する必要があることも述べている（注7）。

公共福祉的企業家は、自らの資金を出資する以上、事業の採択判断をする際には、当然大きな損失をもたらすものに投資することはないだろう。つまり、市民労働が資本の論理、市場法則から自由になることはない。むしろ、様々なサービスの徹底化が社会奉仕という名の下で行われるようになってしまう危険性を排除できないようにも思われる。

事実、こうしたベックの市民給付の概念はしばしばギデンズの「第三の道」や、ワークフェア制度を支援するものとしてしばしば左派から批判されてきた。後にヒルシュとの関連で考察するように、この左派からの批判は的を射ているように思われるのだが、このことからハルツⅣと「市民労働」の概念を同一視するのは早急であろう。事実、ベックは「ハルツⅣの考え方は後ろ向きである。それは、完全雇用というナンセンスな目的のために労働に対する管理を拡大している」と明確に批判している（注８）。確かにベックの議論を正しく理解すれば、ワークフェア型の労働支援はあくまでも完全雇用（就業）の可能性への迷信に基づいており、人々を稼得労働に駆り立てる強制から手を切ることができていないのだから、市民労働の掲げる自己組織の理念とは相反する制度であるという彼の批判は納得されよう。また、ベックの考える市民労働の対象が、「カルチャーセンターを作ったりバンドを結成したりする（注９）」ことを含むような非常に広い概念である以上、ハルツⅣ制度における単純労働に還元されるものでは決してない。

にもかかわらず、一連のハルツ改革はベックの市民労働理論の根幹に関わる問題であった。というのも、二〇〇〇年にドイツの文脈においてベックが市民労働を論じた際には、市民労働者の物質的生存の保障費の捻出を、失業保険や無期限の社会扶助制度を前提として論じていたからである(注10)。ドイツにおいては、すでに無期限の社会扶助による最低所得保障によって、労働者生活の賃労働からの切り離しがある程度存在していた。ベックはその点に注目し、失業者や労働市場において周辺化された人々の営む生産的活動を、市民給付と社会的労働時間短縮によって、スティグマ化から救済しようとしたのである。だが、ハルツⅣによってこの最低限所得保障の前提が崩されてしまう。ハルツⅣの導入は、稼得労働へのより一層の強制というワークフェアのシナリオをドイツにもたらしたのであった。

したがって、ハルツⅣ改革の後に出版された『美しく新しい労働の世界』の第二版冒頭に新たに加えられたインタビューで、ベックが市民給付の概念を引っ込め、代わりにＢＩの必要性を唱えるようになっているのは偶然ではない（注11）。ベックは「完全雇用（就業）社会」が欺瞞であるという主張を繰り返し、ハルツⅣが「周知の通り決して存在しない仕事を探しているることを常に証明するだけでなく、これまた存在しない安上がりのアパートに引っ越すことに努めなくてはならない」という矛盾をもたらしていることを鋭く指摘する。ベックによれば、そもそも十分な職業がないのであるから、「問題は失業ではなく、貨幣がないことであり、労働と収入の結合である」（注12）。以前、ベックはこの問題を市民労働に対する市民給付によって解決しようとしていた。それに対して、ハルツ改革後の現状を批判的に捉えたベックは、稼得労働と貨幣収入という旧来の結合を解消するための方法としてＢＩを要請するようになるのである。インタビューでは、ＢＩ（七〇〇―八〇〇ユーロ）を無条件に配布することで、「労働への強制からわれわれを解放し」、社会的に有意義な労働への従事を可能にすると述べられている。市民は物質的生存基盤を再獲得することで、市民社会において、より積極的に社会的紐帯を形成することができるようになり、民主主義は活性化するとベックはやや楽観的に述べている。

以上の考察から、ベックのＢＩ論が市民労働の概念の発展を元にしており、ドイツにおけるワークフェア改革の後に、市民給付の概念を明確にハルツⅣから区別するために、ＢＩへと議論が発展していったことは十分理解されよう。だが、疑問はいくつか残る。果たしてベックが主張するように、ＢＩが福祉国家の危機の解決策になるのであろうか？　人々は貨幣を手に入れることで、賃労働から自由になることは可能なのか？　なによりもＢＩによって、市民は市民労働へと自発的に従事し、市民参加型の社会が実現されるようになるのであろうか？

ここで問題になるのは、ベックがＢＩという貨幣の普遍的給付によって生活を保障し、市民参加の基盤を守ろうとしている点である。だが、ベックの言う「西洋のブラジル化」をもたらした原因は、フォーディズム的生産様式の変容であり、福祉国家制度において実現された歴史的に特殊な階級妥協形態の終焉とそれに代わる新自由主義的ヘゲモニーの台頭であった。西欧福祉国家においては、単なる所得の再分配だけでなく、労働運動を通じての労働条件の改善や代表者の経営参画権などを勝ち取ることで、労働者自身による意志決定が実現されてきたし、また医療、保育、教育などの公的サービスを「脱商品化」（Ｅ・アンデルセン）することで、資本の論理は制限されてきた。労働運動が構築してきた社会的紐帯の基礎がグローバル化や新自由主義によって失われつつある危機の時代において、生産様式に手を付けることなく、ただ再分配の方法を修正することで、人々の生活が賃労働から自由になり、様々な社会的活動を重視する社会になると結論するのには、明らかな論理の飛躍があろう。仮にベックの言うように、市民に七〇〇ユーロのＢＩが給付されたとしても、貨幣のみが、商品化された物やサービスを獲得する唯一の社会的力を持っている以上、人々はあくまでも最低レベルの生活しか保障しない市民労働よりも、より多くの貨幣を欲し、以前よりも一層賃労働へと従属し、同時に賃労働を営まないものをスティグマ化する危険性は残ってしまう。さらにＢＩの導入を要請する社会状況は、福祉国家の財政圧迫を背景にしている以上、ＢＩの導入はさらなる公共サービスの縮小・削減という結果を伴いかねない。そうなれば、今まで脱商品化されていた領域が貨幣を媒介とした商品交換の対象となり、貨幣を持たない者はサービスを受給出来なくなってしまうだろう。ベックも認めているように、新自由主義改革による市場原理の支配による資本主義の非民主主義的性格が顕在化したのは、資本主義下における「自由」と「平等」が貨幣の所持者としての市場における形式的なものに依存しており、貨幣を持たないものが社会的生活からも排除されるからに他ならない。したがって、「民主主義の危機」を乗り越えるためには、より広域な万人に開かれた人々の社会的紐帯を構築していく必要があると言えるのではないか。

結局、貨幣を与えることによって社会的紐帯を築く新たな営為が社会全体に普及するというベックのＢＩ論はいわゆる貨幣物神に捕われており、市場内部での貨幣の付与する自立性を市場以外の領域に投影している転倒した議論であるように思われる（注13）。貨幣だけによって社会的活動への主体性を構築しようとすることは、むしろ今の社会に潜在的に存在している社会的紐帯の発展を妨げかねないのである。もちろん、以上のベックのＢＩ論に対する懐疑は、ＢＩの意義そのものを否定するものではまったくないことに注意されたい。ただ、社会的運動とは独立に、万能薬のようにＢＩを「上から」提唱することに潜む危険性はしっかりと認識しておかねばならないだろう（注14）。

## 「社会インフラストラクチャー」と民主主義

社会政策としての「上からの」ＢＩに対照的なのが、ヨアヒム・ヒルシュの「下からの」ＢＩとも呼べるような「社会インフラストラクチャー soziale Infrastruktur（社会インフラ）」の議論である。ヒルシュはグラムシのヘゲモニー論を用いながら、グローバルな新自由主義的資本主義に対抗するオルタナティヴな世界の構築のために、「ラディカルな改良主義」の必要性を長年説いてきた（注15）。近年、ヒルシュは「左派ネット links-netz.de」というウェブサイト上で、「社会インフラ」の必然性を様々な論者とともに展開しており、新自由主義に変わる「新」福祉国家構想とも呼べるような、社会インフラに関する提案を積極的に行っている。

二〇〇〇年の段階で、ヒルシュはすでにベックの市民労働論が持つ資本主義との親和性を批判していた。ヒルシュによれば、ベックの主張するような「労働社会の終焉」は「資本主義の特殊な、歴史的姿態、つまりフォーディズム」の危機に過ぎず、継続的な経済成長と完全雇用を前提とした階級妥協が、その行き詰まりを起因として、新自由主義によって崩された状況に他ならない。その結果、非正規雇用の増大や失業率の増加によって、人々はこれまで以上に賃労働へと従属的になっているが、「職の不安定さや失業は資本主義的経済システムの根本的な構造の特徴である」（注16）。つまり、マルクスが指摘しているように、相対的過剰人口の創出による「産業予備軍」の形成は、ベックの考えるように、資本主義にとっての新たな例外的状態ではなく、その反対であり、本質的傾向なのである。福祉国家においてはむしろ、例外的に資本主義の傾向が階級妥協によって制限されてきたに過ぎない。

また、ベックの市民労働は、既存の生産関係そのものを等閑に付すため、人々の生存条件そのものは、ハルツⅣ導入以前の社会保障モデルを前提していることは既にわれわれも見た。ということは、市民労働によって、失業者が追加的に獲得するのは、結局「勲章」によって非物質的にのみ報われる可能性だけなのである。ヒルシュによれば、ここから長期失業者たちは、結局市民給付を獲得するために、自発的な市民労働を強いられるというベックの議論の矛盾が生じる。しかも、市民労働は「自己組織的」と言いながらも、同時に資本家をモデルとする「公共福祉的企業家」のイニシアチブによる市民労働の組織化、そしてそれに伴う指揮・監督を含んでいる。したがって、公共福祉的企業家による市民労働への市民の強制なる事態が生じれば、資本のもとでの労働の一層のインフォーマル化、「労働の専業主婦化」は不可避となるだろう。

ヒルシュによれば、ベックの市民労働論は、社会保障による生存保障を市民給付に置き換えて、それを公共福祉的投資家のもとでの「自発的な」市民労働に従事させるため、新自由主義的ヘゲモニーに抵抗する十分な防御壁を築けず、むしろそれに吸収される危険性を孕んでいるのである。事実、「社会保障関連費を抑え、しかし同時に社会貢献を改善する」とベックが述べる際、彼の新自由主義的傾向は顕著になっているとヒルシュは批判する（注17）。私見によれば、このような批判は妥当であり、ベックがBIに移行した一つの理由になったと言えよう。

しかし、ヒルシュによれば、BIという解決策ですらも新自由主義に対するカウンターへゲモニーの形成としては十分ではない。ベックの賞賛するBIという単なる貨幣に媒介された再分配に対して、社会インフラ拡充による生産様式の変革を目指すことの重要性をヒルシュは以下のように強調する。「普遍的BIだけでは、社会化の形態の定着に多く寄与しないどころか、むしろ反対である。したがって、社会的転換はいわゆる公共財の拡充に重点的に関わるものでなくてはならないのであり、満足できる生活に関連した財やサービスが、全ての人々に対して支払いなしに使用できる状態を、左派ネットは目指す」（注18）。つまり、教育、医療、住居、食料、電気、交通手段などといった、物質的生存のみならず、社会的承認を獲得する行為にとっても不可欠ではあるが、個人では生産することの出来ない資源やサービスを市場の媒介なしに全ての人に保障することをＢＩよりも優先される課題として左派ネットは提案するのだ。

言うまでもなく、ヒルシュの「社会インフラ」は、西欧福祉国家がすでに第二次世界大戦後に一定程度実現してきたものに他ならない。したがって、社会インフラは旧来の福祉国家の脱商品化という資本主義の抑制という積極的契機を今日の新しい条件において実現することを目標にしている。その際、福祉国家の否定的側面として批判されてきた官僚制の肥大化、規律訓練的性格、受給者のモラルハザードなどを解消することで、財政負担を減らし、また受給者のスティグマ化を避けようとする。福祉国家の社会保障制度は賃労働を主とした収入源を前提にしているのであり、雇用の不安定化や高い失業率を前に、根本的に再編成されなくてはならないことをヒルシュは認める。だが、その改革は、民主主義的に遂行されなくてはならず、換言すれば、様々なレベルでの意志決定プロセスに市民が参加し、一定の資金でどの社会インフラをどれだけ整備するかを市民自身が当事者として決定することが要求されている。

このような社会インフラの民主主義的拡充はユートピアでは決してないとヒルシュは考える。それは彼がドイツの既存の社会運動からインスピレーションを受けているからであろう。事実ドイツでは、すでに様々な次元で社会インフラ整備の構想を見いだすことができるが、すでに社会インフラとして整備されている教育や医療よりも、ここでは日本ではあまり知られていない新たな試みとしての住居と電力のインフラ整備の取り組みを紹介したい（注19）。

まず、万人に開かれた住宅としての社会インフラの整備に関しては、非営利的団体「賃貸住宅シンジケートMietshäuser-Syndikat」の活動が注目に値する。このシンジケートは一九九二年にフライブルクで設立された団体であり、不動産市場の変動から、住民の意向や生活を無視した再開発や家賃高騰を防ぎ、経済的に貧窮した人々に対しても安定した住居スペースを提供することを目標に、賛同者の共同出資によって設立された有限会社である。メンバーは「連帯基金Solidarfond」へ出資金を集め、有限会社はその資金をもとに銀行からローンを組み、物件を購入する。こうすることで、不動産市場そのものから建物を引き揚げ、市場法則の支配から土地と建物を独立させるのである（注20）。そして、無給の名誉労働で働く共同出資者が建物を管理、運営する。家賃からローンや管理費などを払い、残りは再び基金に集められ、さらなる物件の購入へ当てられる。二〇〇七年の段階でフライブルクを中心に大小六三の物件がこのシンジケートによって管理されており、年々拡大しているという。また建物には、カフェや公共スペースが作られ、そこでは様々な政治活動や文化的催し物が行われているそうだ。こうして、住民やシンジケートのメンバーは建物の管理、運営への共同参画を通じて、より主体的に自らの生活空間としての住居スペースを管理し、資本の論理から独立に社会的紐帯を形成しているのである。

また脱原発運動の関係で、注目を集めているドイツのエネルギー供給における社会インフラ拡充の例も興味深い。フェルトハイムという人口一五〇人程度のブランデンブルグ州の小さな村では、大資本に頼らない電力自給自足の共同体を作るべく、四〇世帯中三九世帯が三〇〇〇ユーロずつの共同出資をし、さらにトロイエンブリーツェンの自治体や地元の企業も出資してフェルトハイムエネルギー Feldheim Energie GmbH & Co. KG という合資会社を設立した。加えて州政府やEUが資金的に援助し、さらに一九九七年からはエネルギークヴェレ Energiequelle GmbH という企業が資金面、技術面で投資し、ついに二〇一〇年には石炭、石油、ガスをいっさい使用せず、風力と太陽光発電とトウモロコシや家畜の糞を使ったバイオガスでの電力と温水自給自足率一〇〇％を達成した。さらに電力と熱を直接各家庭に届けることで、エネルギー効率が上がり料金は大規模発電会社から購入するよりも一〇～二〇％安くなっているそうだ（注21）。また、電力の蓄電機やウッドチップを使った暖房施設なども設立中で、より安定した電力、温水供給を目指しているとのことである。注目すべきは、フェルトハイムの住民は電力を顧客として消費するだけでなく、バイオガスの材料を提供する生産者として、発電事業に雇用された労働者として、会社への出資者として、さらには自治体を通じて政策決定に関与する市民として、多次元から地域のエネルギー供給の社会インフラ構築に参与し、資本の論理を制限し、エコロジー的、効率的にも優れた非営利の社会的インフラを構築していることであろう（注22）。このような例はフェルトハイムが例外ではなく、ダーデスハイムやボレヴィックなどの村でも同様の試みが行われており、二〇二二年までの脱原発を目標に掲げるドイツにおいて今後このような形態の地産地消型の発電はますます進んでいくものと思われる。

## 補完手段としてのＢＩ

ただ、住居、電力のどちらの例においても、完全に無償化されているわけではなく、貨幣を必要としない社会インフラが完全に実現されているわけではない。その限りで、ＢＩが補完的に社会インフラの安定した利用を支援する必要があるとヒルシュは考える。しかし、ヒルシュの議論が、既存の生産関係そのものには手を付けず、再分配によって、人々の振る舞いを第三者のための活動へ変容させようとするベックのＢＩ論とは大きく異なっているのはいまや明らかであろう。ベックがＢＩないしは市民給付が稼得労働にとって補完的であると考えるのに対して、ヒルシュのＢＩ論は、あくまでも人々の生存に必要な社会的インフラの民主主義的共同的所有による「脱商品化」を補完し、より広域な社会的参与を可能にするものとして要請されるからである（注23）。ヒルシュにとってＢＩは脱商品化が進んでいない領域における必然的な商品交換を確実なものにするための手段であり、あくまでも貨幣を媒介としない生活保障を可能とすることが第一目標である。したがって、「社会インフラのこの部分がより広く拡充されればされるほど、ＢＩのための貨幣はより少なくなるのだ」（注24）。

さらに重要な点は、ベックとは対照的に、人々が貨幣を与えられることによって、第三者のための社会的活動に従事することが促されるという考え方を退け、社会インフラの整備そのものにおいて、人々は互いのために協同する行為規範モデルを確立していく過程の意義がヒルシュによって把握されていることだ。つまり、社会インフラ整備の実践を進めて行く過程のうちで、市民自身が当事者として共同決定や共同出資にかんする自治能力を陶冶していくことで、ＢＩだけでは十分に基礎づけられることのなかった他者との紐帯を可能にしていくのである。例えば、シンジゲートに管理された住宅で政治的、文化的集会を通じてローカルなネットワークが構築されることで、共働きの親の子供の面倒を他の家庭がみたり、カーシェアリングをしたりと、コミュニティ内のつながりは様々な形で深まっていくだろう。貨幣を介さない住民同士の交流の公共スペースが生まれることで、ＢＩのように個人を直接の対象とするのではなく、その本性から集団的、社会的性格を持つ生活基盤が生まれる。社会インフラの整備においては、市民が意識的なアソシエーションを結ぶことで、商品化した世界の範囲を制限していくのであり、そのことによって資本主義における形式的な「自由」や「平等」には解消されない新たな民主主義的実践の領域を自ら開拓していくのである。こうして実現された社会インフラは、マルクスの言葉を借りれば「個人的所有の再建」に他ならない。貨幣所持の有無に関わらず、万人が他者と共同しながら生活に必要なものを直接に生産し、管理していく「ラディカルな改良主義」の現実化は、同時に新たな民主主義社会の実現へのインスピレーションを与えてくれるに違いない。その点に関連して、ネグリとハートは『マルチチュード』の中でこう述べている。「ここで、改良と革命の間に衝突はない。このようにわれわれが言うのは、われわれが改良と革命が同じものだと考えているからではなく、今日の状況においては、それらは分離されることができないと考えるからである。変容の歴史的過程は今日非常にラディカルであるため、修正主義的提案でさえ革命的変化へと導き得るのである」（注25）。まさに、資本主義の内部に萌芽として孕まれたアソシエーションの契機が、社会インフラ整備の実践を介して成長を遂げ、社会に「大きな変化」をもたらしうるのである。

注1▒ハルツⅣに関しては以下のものを参照した。土田武史「ドイツにおける社会保障改革の動向」『クォータリー生活

福祉研究』一四巻二号、二〇〇五年、一一一四頁。

注2■海賊党の党大会のプロトコル。http://piratenpad.de/ep/pad/view/ro.EKTgXyr97xze/latest（二〇一二年四月一一日閲覧）

注3■鈴木宗徳「ウルリッヒ・ベック　個人化する社会」『ＰＯＳＳＥ』一三号（二〇一一年）は、ベックが「市民給付」概念からＢＩ論を提唱するに至った点を指摘しており、そのことが本論考においてヒルシュとベックの関係を考え直すきっかけを与えてくれた。

注4■Ulrich Beck. Schöne neue Arbeitswelt – Vision: Weltbürgergesellschaft. Campus, Frankfurt am Main 1999. S.7.

注5■この表現は"Die Spaltung wird sich verschärfen"という二〇〇九年一二月のディー・ツァイト Zeit 紙上でのインタビューからのものであるが、完全雇用社会を維持しようとする試みが、既存のシステムの正当性を奪うというより強い表現に変わってきている。

注6■Ulrich Beck, Schöne neue Arbeitswelt. 2. Auflage. Suhrkamp, Frankfurt am Main 2007. S.12.

注7■Ulrich Beck, „Die Seele der Demokratie" In Die Zukunft von Arbeit und Demokratie." In Beck（hrsg.）Die Zukunft von Arbeit und Demokratie. Suhrkamp, Frankfurt am Main 2000. S. 416-447. S. 431f.

注8■Ulrich Beck, Schöne neue Arbeitswelt. 2. Auflage. A.a.O. S.17

注9■Ulrich Beck, "Wohin führt der Weg, der mit dem Ende der Vollbeschäftigungsgesellschaft beginnt?"In Die Zukunft von Arbeit und Demokratie. A.a.O . S.7-66. S.48

注10■Ulrich Beck, "Die Seele der Demokratie"A.a.O. p.438.

注11■このような文脈において例えば、山口宏はベックの市民労働を論じながら、ＢＩと市民給付の概念の親和性を論じており、この問題を整理するにあたって参考になる。山口宏「個人化、そして社会参加と自己責任論の対立を超えて――選別としての社会参加から、ベーシック・インカムへ」日本福祉大学『日本福祉大学社会福祉論集』第一一九号、二〇〇八年八月。だが、山口もＢＩが新たな主体性を与えるというベックと同じ議論を展開しており、その点に関

しては本稿で展開されるベックのＢＩ論に対する批判がそのまま当てはまる。ちなみに、「完全雇用の代わりに自由を！Freiheit statt Vollbeschäftigung!」というベックのインタビューのタイトルは、ドイツにおいてＢＩを求める市民グループの名前である。彼らの主張が新自由主義に親和的である点については、拙稿「ヨーロッパにおけるベーシックインカムと新自由主義」『ＰＯＳＳＥ』八号を参照して頂きたい。

注12■Ulrich Beck. Schöne neue Arbeitswelt. 2. Auflage. A.a.O. S.17

注13■「貨幣物神」とＢＩの関係については、佐々木隆治『マルクスの物象化論』（社会評論社　二〇一一年）第六章第一節が参考になる。

注14■ドイツにおけるＢＩの歴史を振り返れば、八〇年代、九〇年代においては、実現不可能なものとして運動側に認識されていながら、労働者運動と失業者運動の連帯を可能にするためのスローガンとしてＢＩが提唱されたのであった。つまり、失業者の増大に伴う旧来の組合運動では組織されない新たな運動の盛り上がりがあり、その中から労働者側との連携を探るべく発生した要求であったのである。また、フェミニズム運動からの要求も大事であろう。いずれにせよ、ＢＩは万能薬ではなく、具体的運動との連関において議論されなくてはならないのであり、ベックのように運動と切り離してＢＩの有効性を強調するのは、日本のＢＩ賛同者と同様に一面的であろう。Vgl. Herald Rein. "Existenzgeld! Zur Geschichte einer Forderung"In Hans-Peter Krebs und Harald Rein（Hrsg.）Existenzgeld. Verlag Westfälisches Dampfboot. Münster 2000. S.12-32

注15■「ラディカルな改良主義」については、Joachim Hirsch. Herrschaft, Hegemonie und politische Alternativen. VSA. Hamburg 2002. S.202.

注16■Joachim Hirsch. "Zukunft der Arbeitsgesellschaft". In Existenzgeld. A.a.O. S. 154-169. S.154.

注17■Ebenda. S.166f.

注18■Joachim Hirsch. "Soziale Infrastruktur und Politik" 2006. http://www.links-netz.de/K_texte/K_hirsch_gueter.html（二〇一二年四月一一日閲覧）

注19■以下の二つの例はヒルシュによって直接挙げられているものではないが、ヒルシュの考える社会インフラ概念の意義を明確に示す実践の例であると考えている。

注20■「賃貸住宅シンジケート」のＨＰに詳しい彼らの活動についての詳しい情報があり、本稿の記述はそこに書かれている内容を元にしている。http://www.syndikat.org/（二〇一二年四月一一日閲覧）

注21■http://www.neue-energien-forum-feldheim.de/ と http://www.energiequelle-gmbh.de/ を参照した（二〇一二年四月一一日閲覧）。

注22■フェルトハイムが属しているトロイエンブリーツェンという自治体は東ドイツでは珍しく、新自由主義政策を推進する自由民主党（ＦＤＰ）の議員が市長の座を有していた。しかし、福島の原発事故のあとも脱原発と再利用可能エネルギー開発に対して消極姿勢しかみせない自由民主党にたいして、市長を含めた全八名の市議会議員が離党の意志表明を二〇一二年一月に行ったのだ。自由民主党のエネルギー転換への消極姿勢は脱中心化した地域エネルギーから企業への大きな利益を引き出す事はできないためである。しかし、大企業に無縁な東ドイツの小都市のトロイエンブリーツェンが自由民主党を支援していたのは、「市民参加」の理念で両者が共鳴したからであった。にもかかわらず、市長が「市民は「意志決定」に参加したいのです」と離党表明で述べたのは、まさに自由民主党のいう資本主義的な「市民参加」とフェルトハイムの社会インフラ構築で養った「市民参加」の本質的違いが鮮明化した結果と言えるのではないだろうか。

注23■またシンジケートやフェルトハイムの住民の共同出資を「公共福祉的企業家」や「市民労働」と混同してはならない。市民労働が非常に幅広い概念であるのに対して、彼らの実践は社会的活動を可能にするためのインフラ整備というより限定した目的に関わるものであり、「市民労働」よりも狭いものだからだ。

注24■AG links-nez. "Sozialpolitik als Bereitstellung einer sozialen Infrastruktur". 2010 http://www.links-netz.de/K_texte/K_links-netz_sozpol.html（二〇一二年四月一一日閲覧）

注25■Michael Hardt and Antonio Negri, Multitude: War and Democracy in the Age of Empire（New York: The Penguin Press 2004）. p.289.

# ベーシックインカムは究極の社会保障か

「競争」と「平等」のセーフティネット

2012年6月20日第一刷発行

編者　萱野稔人
発行者　鈴木克洋
発行所　株式会社堀之内出版
〒192-0355 東京都八王子市堀之内3-10-12
フォーリア23 206号室
tel 042-670-5063
印刷製本　新灯印刷株式会社
デザイン　野田明果



ISBN978-4-90670-850-5 C0036 182×128